RAÚL OLIVENCIA

ANTÍGONA Y LA COMUNIDAD.
POR UNA POLÍTICA SINIESTRA

RAÚL OLIVENCIA

ANTÍGONA
Y LA
COMUNIDAD

Por una
política
siniestra

T tercero
incluido

Índice

Agradecimientos

El libro es un desarrollo del material preparatorio de las clases impartidas sobre Antígona y la comunidad en el posgrado «Atención psicológica y acción comunitaria, feminismos y LGTBIQ+» organizado por el Safareig y la Universitat de Barcelona. Agradezco al equipo de El Safareig la oportunidad y la confianza. En especial a María Cabral, por su ofrecimiento inicial, a José Manuel Villarreal, por la continuidad en las clases y la lectura atenta del manuscrito, así como a tod*s l*s asistentes a los cursos, por sus preguntas e interés mostrado en la materia.

También las charlas ofrecidas en el Casal La Metxera de Cardedeu y en el Casal Can Capablanca de Sabadell me ayudaron a elaborar y organizar el material del libro. Un agradecimiento expreso para este tipo de espacios, fundamentales para contrarrestar el proceso de desertificación política en curso.

Sin los comentarios sugeridos por Maria Lucchetti, el libro sería sin duda menos inteligible. Un agradecimiento también a Enric Berenguer, por su supuesta cara de póquer mientras me demoraba en «acabar con Antígona». Por supuesto, también a Anabel Torres Luque, que aceptó con cierto entusiasmo ser la primera afiliada al Partido Siniestro de Neverland. Y, cómo no, a Baruc Nicosia Olivencia, por todo el tiempo que la redacción del libro nos robó.

Por lo demás, cualquiera que haya tenido que soportar en los últimos tres años alguno de mis comentarios sobre Antígona tiene la tierra ganada.

Es imposible acallar la voz muda de un cadáver.
Begoña Méndez Seguí, *Lodo*

Introducción

La primera vez que leí *Antígona* de Sófocles pensé que no había para tanto, en el sentido de que el personaje que da nombre a la tragedia me pareció, dicho sin ambages —por su tesón e ímpetu al invocar unas leyes divinas de las que su acto de desobediencia es devoto—, una pueril beata. No pude ver entonces, o no supe ver, en el personaje de Antígona, el emblema del sentimiento ético o una puesta en escena ejemplar de los más altos valores morales, como los comentarios al uso me habían preparado a esperar. Así que no estaba prevenido para hallar un gesto antropológico fundamental en la acción ético-política de enterrar a su hermano Polinices.

El libro empezó a fraguarse como un chiste, pero acabó en tragedia. El chiste, que Freud nos enseñó a ponerlo en relación con lo inconsciente (Freud, 1905), a diferencia del humor, que es patrimonio del superyó (Freud, 1927), lo acuñé en forma interrogativa: ¿Por qué hay una «izquierda lacaniana» y no una «siniestra lacaniana», siendo «siniestro» [*unheimlich*], y no «izquierda», un concepto psicoanalítico? Nunca me hubiera hecho esta pregunta pretendidamente chistosa si no hubiese una investigación en marcha sobre las características o los rasgos distintivos de una «antropología de lo siniestro» (Virno, 2023a; Mazzeo, 2023), lo que me permitía generalizar la pregunta desde su particularidad «lacaniana». Es decir, ¿por qué hay aún izquierda y no emerge por fin una siniestra, cuando las «condiciones objetivas» están más que maduras? La tragedia en la que acabó es en la del personaje de Antígona como figura ético-política de lo siniestro, pero el chiste sobrevive en la forma subversiva de su acto lingüístico: «Mi hermano muerto *es* un ser humano».

13

Lo que aquí sigue es fruto de las clases impartidas en el posgrado «Atención psicológica y acción comunitaria, feminismos y LGTBIQ+» organizado por el Safareig y la Universitat de Barcelona. Al decir «fruto», me refiero a que el libro no se hubiese escrito sin aquellas clases, que su autoría, cualquier cosa que sea a lo que esa palabra remita, habría que buscarla allí y no debajo de mi nombre; yo solo me apropié de algo que me era por completo ajeno. Así se escribió el libro, como un allanamiento de morada en una casa que resultó ser la mía.

Cuando me propusieron dar las clases en el posgrado, apenas había leído parte de la bibliografía que se recoge al final. La propuesta inicial era que dijera algo con cierto rigor en torno al concepto de «comunidad». Mi respuesta improvisada fue que prefería hablar del concepto de «institución». Me parecía más útil que el de «comunidad», si de lo que se trataba era de enfocar el contenido de las clases hacia la acción comunitaria, ya que esta se vehicula siempre a través de instituciones, de cualquier pelaje. Además, porque las instituciones no se fundan necesariamente en un principio de exclusión, como parece estar en la base de toda comunidad, sino que albergan su propia disolución, el momento destituyente que las hace desaparecer, es decir, son históricas. Por el contrario, las comunidades nacen y perduran al destituir recursivamente su destitución, exorcizan lo traumático traumatizándose, *repiten* la invocación del origen, que por definición solo pudo ser *una vez*, se naturalizan, no pueden evitar hacerse religión. Huelga decir que acabé hablando de la comunidad, pero solo porque Antígona vino a acompañarla, y porque las instituciones se impregnan continuamente de la exclusión comunitaria para sobrevivir.

A pesar del aparente «resurgir de Antígona» (Morales, 2021) de la época, encontré una bibliografía básica bastante acotada. Además de la referencia obligada a la *Antígona* de Sófocles, había que pasar por el capítulo que Hegel le dedica a esta tragedia en la *Fenomenología del Espíritu* (1807), las tres clases que Lacan impartió sobre *Antígona* en el *Seminario 7. La ética del psicoanálisis (1959-1960)*, las tres conferencias de Judith Butler sobre el personaje trágico recogidas en *El grito de Antígona* (2001) y la maravillosa monografía de George Steiner, *Antígonas. Una poética y una filosofía de la lectura* (1987). Vale la pena sumergirse en este libro ni que sea para vislumbrar que, el de Antígona, es un «resurgir» que siempre estuvo presente. Vuelve, pero no para convertirse en un mito universal, sino para darnos de bruces una y otra vez con la individualidad inasible que ostenta. Es irreductible. La repetición queda siempre del lado de la recepción de la obra, no del personaje, que se mantiene en su pura indiferencia.

Antígonas de Steiner recoge una cantidad monumental de lecturas, interpretaciones y revisitas de la tragedia de Sófocles, sin embargo, y esto da cuenta del carácter inabarcable del tema, deja fuera otras tantas, como, por ejemplo, las dos que me quedan más cerca desde un punto de vista espaciotemporal: *La tumba de Antígona* (1965) de María Zambrano y la *Antígona* (1955) de Salvador Espriu. Ambas obras, escritas en la devastación material y la desolación moral de la posguerra (civil española), bajo el influjo del horror de las guerras fratricidas y del poder tiránico que las causa y las sucede, hacen del personaje de Antígona una víctima inocente, otra más, de la lucha por la soberanía estatal. Mi lectura se sitúa en el reverso de las de Zambrano y Espriu, es decir, en la tragedia hay, también, *in nuce*, una teoría de la guerra civil —y no solo un canto a su horror— que Antígona pone en práctica con la acción ético-política de enterrar a su hermano Polinices, y que la lleva al callejón sin salida del suicidio. Para abordar esta ambivalencia del personaje trágico, víctima e instigadora, al mismo tiempo, de la guerra civil, recurro al concepto «unheimlich» de Freud, en el que lo familiar y lo extraño se confunden, es decir, presento una Antígona siniestra con la intención de comprender su gesto ético-político.

El libro está dividido en tres partes. En la primera parte sitúo al personaje de Antígona, haciendo hincapié en los posibles sentidos etimológicos de su nombre, y abordo el concepto de «comunidad», ya que Antígona no solo desestabiliza la comunidad con su acción ético-política, sino que esta contiene la posibilidad

15

de organizarla de otro modo. En la segunda, analizo las lecturas de la tragedia y de la acción del personaje que me parecen fundamentales, es decir, las de Hegel, Lacan y Butler, y añado una aproximación desde Lévi-Strauss, autor citado por los dos últimos, para entrever lo específicamente siniestro en Antígona. Por último, en la tercera parte del libro, me centro en los temas y las cuestiones de la tragedia que me parecen más relevantes, como el uso del dual en el diálogo inicial, la doble muerte, el cambio en la condena estipulada por Creonte para quien desobedezca su edicto, el argumento último con el que Antígona justifica su acción, la antropología sofocleana que se puede deducir del primer estásimo y la melancolía atribuida a Antígona. Como si de un desarrollo subterráneo se tratase —tan subterráneo como las leyes no escritas que invoca Antígona—, cada uno de los apartados se despliega o desdobla en una glosa, para concluir en el esbozo de una «política siniestra».

Pero ¿por qué convocar «nuevamente» a Antígona en nuestra coyuntura histórica? ¿Acaso Antígona es el nombre de ese «objeto perdido» que, por definición, es imposible encontrar?, ¿o es, más bien, el «personaje conceptual» de la desobediencia civil?, ¿será por siempre una pueril beata?, ¿qué «cosa» es Antígona? Si el existencialismo tuvo su figura de referencia en Job, personaje bíblico al que ya no le puede ir peor, pero aún…, el feminismo parece tenerla en Antígona, que no es que le vaya mejor, pero, a diferencia de Job, se niega a aceptar lo peor. Tampoco se trata de dar cuenta del espíritu del tiempo, el del feminismo, a través de un personaje, Antígona, sino de señalar que esta no es solo un sujeto paciente, «vulnerable» (Butler et al., 2024), que al saber encajar los golpes del destino y adquirir el hábito de deshabituarse —lo que hoy en día se llama «resiliencia»— se comporta éticamente. Antígona es, también, un sujeto agente, precisamente, debido a, y no a pesar de, su «vulnerabilidad», cuyo comportamiento ético reside en tener el hábito de no contraer hábitos ajenos y nocivos, lo que podría valer como una definición sintética y aproximada de «resistencia». En esta sutil diferencia radica, quizá, una determinación ético-política que va *a muerte*.

1. Antígona y la comunidad

1.1 Antígona

La tragedia *Antígona* pertenece a la llamada «trilogía tebana» de Sófocles, junto a *Edipo rey* y *Edipo en Colono*. El orden de representación en la Atenas clásica coincide con el de mi referencia a las tres obras. En cambio, el orden cronológico, de desarrollo y desenlace de la trilogía con la que Sófocles da cuenta de la fatalidad de la estirpe edípica es el siguiente: *Edipo rey*, *Edipo en Colono* y *Antígona*. En cualquier caso, los mitos que narran las tres obras formaban parte del acervo cultural del público, que acudía al teatro, intento imaginar, movido no por un afán de novedad, sino para ver algo diferente en la repetición del mito. Si era algo muy diferente que podía desvirtuar al mito, no iba a gustar; si era una puesta en escena que parecía repetida y ya vista, tampoco. Por tanto, Sófocles tenía la difícil tarea de escribir y representar algo *familiar*, el mito de Antígona, de manera *extraña* al público. Pero, extraña, ¿hasta qué punto? Como veremos, hasta el punto de ser la mejor tragedia jamás escrita, según Hegel, que la consideraba «la obra de arte más satisfactoria y preeminente entre todos los esplendores del mundo antiguo y del mundo moderno» (1835, p. 871); o de ser una obra que no se atiene por completo a la clásica definición aristotélica de «tragedia», ya que la heroína, según Lacan, «no conoce ni la compasión ni el temor» (1959-1960, p. 318), y ambos sentimientos son considerados por Aristóteles como los detonantes de la catarsis, que debe ser la finalidad de toda tragedia.

En este apartado me centraré en la etimología del nombre «Antígona», pues la dificultad de interpretación de algunos pasa-

17

jes de la obra y la ambivalencia de la acción del personaje están condensadas en su nombre. No obstante, en primer lugar, me referiré a ciertos hitos de la trilogía tebana sin los cuales se hace difícil la comprensión de lo que mueve al personaje en su resolución de enterrar a Polinices: el hermano que atacó Tebas con las armas, asesino y víctima mortal de su hermano Eteocles tras retarse en duelo por el trono de la ciudad, y a quien el edicto de Creonte, el nuevo rey, impide la sepultura, ley cívico-estatal que Antígona desobedece.

La maldición del linaje de Edipo se remonta a su padre, Layo, que significa «zurdo»,[1] adjetivo asociado al mal agüero y al infortunio, como «siniestro», del que es sinónimo. Muerto Lábdaco, rey de Tebas y padre de Layo, el primo segundo de este, Anfión, le usurpó el trono y lo expulsó de la ciudad. Pélope, rey de Pisa, ciudad cercana a Olimpia, lo acogió y le confió la educación de su hijo Crisipo en el manejo de caballos. Layo se enamoró del joven y, a la muerte de Anfión, regresó a Tebas para hacerse con el trono, raptando a Crisipo, a quien violó.[2] Este fue el «error trágico» [«hamartía»] cometido por Layo y por el que recibió la condena de los dioses, en especial de Apolo, a quien estaba consagrado el santuario de Delfos, y que, al tratarse de una condena hereditaria, marcaría el destino de toda su descendencia.

El rey Layo, después de un tiempo casado con Yocasta, fue a consultar el oráculo de Delfos, preocupado por no tener aún descendencia, a lo que el oráculo le respondió que eso era una ventaja, pues cualquier hijo varón que naciera del vientre de

---

[1] En: Ruipérez, M. S., «El nombre de Layo, padre de Edipo», en *Estudios Clásicos*, XXVI-1, n. 87, Sociedad Española de Estudios Clásicos, Madrid, 1984, pp. 167-172. En este breve, pero documentado trabajo, Ruipérez desmonta la hipótesis de autores como Wilamowitz o Curtius, que derivan el nombre «Layo» de «popular» o «amante del pueblo»; y desestima «ladeado» o «torcido», que, por ejemplo, sostiene Lévi-Strauss, aunque, en este caso, ambos sentidos también darían cuenta de cierto caminar «problemático».

[2] Según Robert Graves, lo que Layo violó fue la hospitalidad recibida por parte de Pélope en Pisa y no a su hijo Crisipo, que habría consentido la relación pederasta, práctica relativamente instituida en la antigua Grecia; cfr. *Los mitos griegos II*, Alianza, Madrid, 1985, pp. 28-29.

Yocasta lo mataría a él y desposaría a su madre. Este es el contenido mítico que Sófocles representó en *Edipo rey* y que Freud individuó como el «complejo de Edipo» en la estructura psíquica de los seres humanos. Al encontrarse en un cruce de caminos, Edipo mata a Layo, sin saber que era su padre, ya que este lo abandonó al nacer, temeroso de la profecía, después de atravesarle los tobillos con un clavo —de ahí el nombre de Edipo, que significa «el del pie hinchado» (Ruipérez, 1984, p. 168)—. Todos van a caminar mal en esa familia, ya sea porque circulan por la izquierda, como Layo, ya sea por una herida en los tobillos, como Edipo: cualquier paso que den, va a ser siempre en el sentido equivocado. Es interesante la hipótesis que sostiene Martín S. Ruipérez al respecto del fatídico encuentro entre padre e hijo. Layo, al ser zurdo, conducía acompañado de sus escoltas por la izquierda, que era la derecha de Edipo, quien debía tener preferencia según la costumbre (ibíd., p. 171). El entrecruzamiento acaba en discusión por la preferencia, esta, en reyerta, y esta, a su vez, en el asesinato vaticinado. Poco después, Edipo llega a Tebas para cumplir la otra parte de la profecía. Es coronado como rey de la ciudad al resolver el acertijo de la Esfinge que asolaba Tebas, y, consecuentemente, su madre, la reina Yocasta, se convierte en su mujer. Del matrimonio nacen cuatro criaturas: Antígona, Ismene, Polinices y Eteocles.

Muerto Layo, el portador y heredero de la maldición délfica es Edipo, que no va a tardar mucho en hacerla efectiva. Una nueva epidemia debilita el cuerpo social de la ciudad. El consejo de sabios considera que se debe al asesinato de Layo, aún sin esclarecer. Hay que dar con el asesino para acabar con la epidemia. Edipo, que ya resolvió airoso el enigma de la Esfinge, se propone resolver este nuevo enigma; toma las riendas de la investigación y acaba dando con el asesino. Al comprobar que fue él quien mató a Layo y que este era su padre, se arranca los ojos por no haber visto lo que ahora le parece evidente, mientras que Yocasta se suicida.

Edipo en Colono narra el destierro impuesto a Edipo que, en los últimos días de su vida, ciego y miserable, es asistido por

19

su hija Antígona, hasta morir en un lugar recóndito de la villa ateniense de Colono, donde nadie pueda llorar su tumba ni ofrecerle libaciones. Tras la expulsión de Edipo de Tebas, Polinices y Eteocles se disputan el trono. Según un acuerdo inicial, reinarán un año cada uno, mientras tanto, el otro debe ausentarse de la ciudad. Pero, pasado un año, Eteocles rompe el acuerdo y no está dispuesto a ceder el trono, lo que desencadena la guerra. Esta disputa es la que recogen *Los siete contra Tebas* de Esquilo y *Las Fenicias* de Eurípides. Según un oráculo, resultará vencedor el hermano que consiga el favor de Edipo. Polinices acude a Colono para persuadir a su padre de que tome partido por sus propósitos, pero este se siente ofendido y abandonado por los dos hijos varones, y los maldice: «Es imposible que destruyas esa ciudad; antes caeréis manchados con vuestra propia sangre tú y tu hermano» (Sófocles, 1982, p. 452). Polinices regresa a la guerra y, poco después, Edipo muere. Los herederos de la maldición familiar son ahora Polinices y Eteocles.

Antígona comienza con el cumplimiento de la maldición edípica en el cuerpo de los dos hermanos, que se dan una «muerte común» al no haber sido capaces de gobernar en comunidad fraternal, y con el anuncio del edicto promulgado por el nuevo rey, Creonte, hermano de Yocasta, tío y futuro suegro de Antígona, según el cual se prohíbe el entierro de Polinices, así como cualquier muestra pública de aflicción —situación que conocemos a través del diálogo inicial entre Antígona e Ismene— bajo pena de lapidación pública. Si me he remontado hasta Layo para referirme a la etimología del nombre «Antígona» es porque este se entiende mejor: cualquier hijo que nazca del vientre de Antígona correrá la misma suerte que sus antepasados.

Efectivamente, un primer sentido del nombre, quizá el más evidente, sería «en contra de la procreación», al estar compuesto por el prefijo «anti» y el sustantivo «gonê». La preposición «anti» significa «en contra de», «en oposición a» y, según señala Judith Butler a través de una cita de Stathis Gourgouris, «en compensación de» (Butler, 2001, p. 40). El sustantivo «gonê» significa «generación», «procreación», del que en castellano deriva «gónada», la glándula genital, tanto masculina como femenina, que elabora las células reproductoras; aunque también está asociado a «genos» («familia», «linaje», «descendencia»), por lo que, en este sentido, el nombre significa, al mismo tiempo, «la que se opone a, está en contra de y llega en compensación de la descendencia, la familia y el nacimiento».

Otro sentido del nombre que se puede encontrar en la bibliografía sobre la figura de Antígona aparece en el índice onomástico de *Los mitos griegos*. Allí, Robert Graves propone el sentido de «in place of a mother» (Graves, 1955, p. 380), aunque previamente haya advertido de que muchas de las definiciones que ofrece son dudosas. Si tomamos en consideración los dos sentidos del nombre sin rechazar ni privilegiar ninguno de ellos, es decir, si aceptamos la anfibología del nombre, creo que se aprecia mejor la ambivalencia del personaje. Por un lado, «Antígona» significa la que no va a ocupar nunca, propiamente, el lugar simbólico y de parentesco definido por la palabra «madre»; por otro, aunque de forma impropia, no va a dejar nunca de ocupar ese lugar. Como veremos, la lectura de Butler va a privilegiar el primer sentido del nombre «Antígona», como la que se opone a la procreación para desestabilizar los roles de género y de parentesco. La lectura de Lacan, en cambio, da cuenta del segundo sentido, en cuanto la acción de Antígona no hace más que cumplir con la fatalidad del deseo materno, incapaz de desprenderse de él.

Pero aún hay un tercer sentido del nombre «Antígona» —el más peregrino de todos, seguramente— si se asimila al significado del nombre en masculino, «Antígono», de uso más común en la Grecia antigua que la variante femenina, y que significa «comparable a su padre» o «digno de su padre».[3] La lectura que hace Anne Dufourmantelle del acto ético-político de Antígona, por el que el personaje acaba perdiendo la vida, lo sitúa del lado del sacrificio, es decir, del «sacer facere», del acto ritual que en su ejecutarse pretende volver sagradas las cosas. Para Dufourmantelle, Antígona sacrifica su vida para restituir algo de lo sagrado

---

[3] En https://es.wikipedia.org/wiki/Antígono

que se había profanado, con la intención de poner fin al ciclo de maldiciones que recorren su linaje. Si Sófocles da cuenta de la maldición de Edipo sobre sus dos hijos varones en *Edipo en Colono*, Esquilo la hace aparecer a través del coro en *Los siete contra Tebas*, como respuesta al obrar de Polinices y Eteocles, quienes no ofrecen a su padre el mejor bocado en un sacrificio, como era debido a un rey:

> Antígona es la hija de un padre que maldijo a sus hijos por no darle aquello que le correspondía por derecho: la mejor pieza de caza. [...] A la profanación se responde con un sacrificio necesario: lo que ha sido degradado debe ser purificado de nuevo, sacado del círculo de las maldiciones y los embrujos, para ser salvado. Para que pueda aparecer un nuevo tiempo (Dufourmantelle, 2022, p. 78).

Por lo tanto, Antígona restituiría con su propia carne aquel otro pedazo de carne no concedido en primer lugar a Edipo, lo que significaba una profanación de lo establecido por el rito, haciéndose, al mismo tiempo, digna de su padre y de los dioses.

Como se ve, «la rica polivalencia del nombre Antígona» (cit. en Butler, 2001, p. 40) coincide con la escurridiza ambivalencia del personaje, que no se deja atrapar fácilmente en compartimentaciones, siempre huidiza hacia otra parte, ni en una totalidad, siempre refractaria al todo. Si la acorralamos en su rechazo a tener descendencia, entonces nos aparece sosteniendo el deseo materno como nadie; si es la que está en el lugar de la madre, entonces la encontramos del lado del padre; si hacemos de su acto un sacrificio para restituir la profanación cometida contra su padre, y detener así el ciclo de las maldiciones, entonces hace proliferar ese mismo ciclo, con las muertes de su prometido Hemón y la de su futura suegra Eurídice, al cubrir con «un fino polvo» (vv. 256-257)[4] el cuerpo profanado de su hermano Polinices.

---

[4] Uso de referencia la traducción de Assela Alamillo: *Antígona*, en Sófocles, *Tragedias*, Gredos, Madrid, 1982. En adelante, señalo solo los versos citados con las siglas (v.) y (vv.).

Para tratar de captar el carácter ambivalente de Antígona, que, apenas la localizamos en un lugar ya nos aparece en otra parte, recurro al concepto de «siniestro» [«unheimlich»] en Freud, donde lo familiar y lo extraño se confunden, llegando a estar lo uno por lo otro.

Glosa. *Das Unheimliche*

Freud inicia el célebre ensayo *Das Unheimliche* (1919) con una advertencia: «Es muy raro que el psicoanalista se sienta proclive a indagaciones estéticas, por más que a la estética no se la circunscriba a la ciencia de lo bello, sino que se la designe como doctrina de las cualidades de nuestro sentir» (ibíd., p. 219). La advertencia adquiere sentido precisamente porque el texto freudiano hace la rareza de analizar lo siniestro[5] bajo la influencia kantiana que destila la frase, y que permite entender la noción de «estética» como ciencia de lo bello y como condición de posibilidad de nuestra experiencia, es decir, como teoría del arte y como «estética trascendental». En palabras de Freud, lo siniestro de la «ficción», por un lado, y del «vivenciar», por otro (ibíd., pp. 245 y ss.). En la ficción, lo siniestro se opone a lo familiar y consabido. En el vivenciar, en cambio, lo familiar es una definición, entre otras posibles, de lo siniestro, ya que en un sentido se mantiene la oposición familiar-extraño y, en otro, «heimlich» y «unheimlich» *significan lo mismo*. Es decir, son sinónimos y antónimos, al mismo tiempo. Freud usa una cita de Gutzkow para mostrarlo: «Nosotros lo llamamos *unheimlich*, ustedes lo llaman *heimlich*» (ibíd., p. 224).

---

[5] Prefiero la traducción de «unheimlich» por «siniestro», y no por «ominoso», «terrorífico» o «inquietante», para subrayar una diferencia con el concepto político de «izquierda». Ambos conceptos remiten a una oposición con el derecho y la derecha, respectivamente, pero, al mismo tiempo, muestran una oposición interna: la *izquierda política* se opone a la derecha; la *política siniestra*, a la izquierda y a la derecha, es decir, a su alternancia en el poder en las «democracias avanzadas» como una *compulsión a la repetición*.

Curiosamente, el primer sinónimo que da Freud de «heimlich» es «íntimo» (ibíd., p. 220), por lo que «unheimlich» también podría ser sinónimo de «éxtimo» (Lacan, 1959-1960, p. 175), lo más íntimo de uno mismo *puesto fuera de sí como algo extraño, inquietante o siniestro*, justamente.

El gesto político de Antígona consiste en «velar lo divino, rodearlo de una cierta Unheimlichkeit» (Freud, 1919, p. 224). Es un gesto antropológico fundamental que, en la acción de ocultar el cadáver de su hermano Polinices simplemente con «un fino polvo» (vv. 256-257), crea lo sagrado, que no preexiste a la línea de demarcación entre lo profano y lo sagrado que traza el velo de polvo. Sin embargo, la acción solo puede tener un sentido ético-político si se acompaña de un acto lingüístico: «Digo que lo he hecho y no lo niego» (v. 444), pero, como praxis y lenguaje no se corresponden biunívocamente, el sentido de sus palabras no está predeterminado políticamente. Antígona se sitúa precisamente en el espacio liminar que se abre entre la praxis y el lenguaje para dejar en suspensión, mientras su acción de *velar al muerto*[6] no se realiza, todas las dualidades que atraviesan la *polis*: naturaleza-cultura, amo-siervo, humano-inhumano, hombre-mujer, antiguo-nuevo, individuo-sociedad...

Si apoyo la lectura de la acción ético-política de Antígona en el concepto freudiano de «siniestro» es porque considero que permite dar cuenta de la ambivalencia del personaje y las oscilaciones que a lo largo de la obra mueven a la protagonista desde un punto hasta su contrario; como si la férrea determinación de enterrar a su hermano albergara todo un complejo de indeterminaciones que no solo caracterizarían su acción, sino toda praxis humana.

---

[6] En el sentido más amplio de la expresión: ocultar y cuidar al muerto.

1.2 Comunidad

El concepto de «comunidad» ha sido ampliamente abordado por la filosofía desde mediados del siglo XX hasta la actualidad.[7] Un interés prolífico que quizá sea solo el síntoma de la progresiva disolución de las formas de vida comunitarias en el capitalismo tardío y de la consecuente atomización de las relaciones sociales. En cualquier caso, profundizar en la temática comunitaria de este conjunto de obras recién citadas, todas ellas excelentes, por lo demás, requeriría una monografía específica que excede el propósito de este apartado, por lo que me ceñiré, en primer lugar, a una definición de «comunidad» completamente pedestre, casi intuitiva, para, finalmente, adentrarme en el plano teórico de la mano de Ferdinand Tönnies.

Cuando estaba preparando las clases que se han convertido en este libro llegaron a mí dos frases, un poco por casualidad, que me ayudaron a situar la cuestión de la comunidad sin acudir de entrada a un marco teórico, bastante extenso, y al que acabo de hacer referencia; lo cual me parecía una forma mucho más próxima para cualquiera de responder a la pregunta «¿qué es una comunidad?». Una respuesta intuitiva a esta pregunta se apoya en el hecho de que todo ser humano, para llegar a serlo, tiene que haber sido sostenido por vínculos, más o menos estrechos, establecidos con otros seres humanos. Estos vínculos en común estarían en la base de toda comunidad.

La primera frase la leí en un letrero a la entrada del edificio donde vive una amiga a la que fui a visitar. Se trata de un conjunto residencial, de los que tienen jardín y piscina comunitarios y que han proliferado de la mano de la especulación inmobiliaria

---

[7] Sin pretender elaborar una lista exhaustiva, estos son algunos de los títulos que me parecen más relevantes sobre el tema: Blanchot, M. (2016), *La comunidad inconfesable*, Arena Libros, Madrid; Nancy, J. L. (2001), *La comunidad desobrada*, Arena Libros, Madrid; Agamben, G. (2016), *La comunidad que viene*, Pre-Textos, Valencia; Esposito, R. (2003), *Communitas. Origen y destino de la comunidad*, Amorrortu, Buenos Aires; Esposito, R. (2005), *Immunitas. Protección y negación de la vida*, Amorrortu, Buenos Aires.

en las últimas décadas. Al llamar al interfono me fijé en el letrero que había colgado en la puerta: «Prohibida la entrada a toda persona ajena a la comunidad». En esta frase encontré una primera aproximación no teórica a la noción de «comunidad», que se define de forma negativa por aquello que queda fuera y que le es «ajeno» [del latín «aliênus»; derivado de «alius»: «otro»]. Es decir, no forman parte de la comunidad los «otros» que no son «nos-otros»; y, al revés, la comunidad se configura a partir de un «nos-otros» que se identifica por contraste respecto a los «otros». En el caso de la frase que nos ocupa, se trata de una comunidad de vecinos que excluye a quienes no lo son. Esta definición negativa de la comunidad está en la base de la mayoría de los abordajes teóricos al concepto, que suele ser bastante escurridizo al no dejarse determinar fácilmente de forma positiva. Por ejemplo, se encuentra en Judith Butler, al situar la ambivalencia de toda comunidad en el doble sentido de la palabra «humana», «el normativo basado en la exclusión radical y el que surge en la esfera de lo excluido» (2001, p. 109), y por la que un nosotros comunitario se define a partir de un otro excluido normativamente. Esta exclusión no solo funciona en una comunidad de pertenencia o de origen, sino que se puede extender al conjunto de la humanidad. Para Butler, de hecho, la decisión política por excelencia —sin tener que recurrir necesariamente a los prefijos «bio-» o «necro-» para la palabra «política»— es la que determina quién es humano y quién no lo es, o es menos que humano [«less than human»] (Butler, 1993, p. 23), y, por tanto, el ser o no ser digno de una vida humana se vuelve la cuestión soberana a decidir.

La segunda frase con la que me topé, y que viene a complejizar la primera, es una de las más célebres de Marx, pero no de Karl, sino de Groucho: «Jamás aceptaría pertenecer a un club que admitiera como miembro a alguien como yo». La frase, obviamente, es un chiste y, por tanto, como ya he dicho en la Introducción, está relacionada con lo inconsciente. En concreto, con el «sujeto del inconsciente» como un «otro», distinto al «yo», con el que este cohabitaría. Es decir, el chiste da cuenta de lo que en psicoanálisis se denomina «Spaltung», o «división subjetiva», por la que un sujeto es también un otro para sí mismo. La frase de Groucho Marx complejiza la primera a la que he hecho referencia porque deja ver que la operación por la que se constituye una comunidad por contraste, al dejar fuera lo que le es ajeno, es idéntica a aquella por la que se constituye un «yo», al dejar fuera lo que le es *ajeno*, pero, al mismo tiempo, *extrañamente familiar*.

En el libro de Ferdinand Tönnies *Comunidad y sociedad* (1855-1936) se aprecia bien la tensión entre dentro y afuera, propio e impropio, prójimo y ajeno, familiar y extraño con relación a la cual se configura toda comunidad. Quizá no sea el estudio más brillante sobre el tema, pero establece una parrilla taxonómica que ningún trabajo posterior dedicado a la comunidad va a poder soslayar. Para Tönnies, la comunidad se caracteriza por ser una *unión en la separación*, en el sentido, mencionado más arriba, de que lo que une a los individuos en un nosotros comunitario es simplemente lo que los separa del resto, como si se tratase de una unión en negativo; la sociedad, en cambio, es una especie de agregado en el que los individuos viven separadamente, es decir, una *separación en la unión* (cfr. Tönnies, 1947, p. 65). Los mismos adjetivos que usa Freud para distinguir lo «heimlich» de lo «unheimlich» le sirven a Tönnies para distinguir a la comunidad de la sociedad: «Toda vida de conjunto, íntima, interior y exclusiva, deberá ser entendida, a nuestro parecer, como vida en comunidad. […] Se entra en sociedad como en lo extraño» (ibíd., pp. 19-20).

La comunidad está amenazada tanto por factores exógenos, agentes externos que erosionan o subvierten la unidad, como endógenos, la entropía de todo sistema cerrado; por el contrario, la sociedad corre el riesgo de ser arrastrada por una inercia disolutiva, que debe corregirse rehabilitando comunidades de pertenencia en su interior. Estos peligros endógenos y exógenos son contra los que Creonte reacciona para proteger Tebas. Su deber como soberano es el de inmunizar a la comunidad de los males externos e internos que la asedian. Por un lado, Polinices encarna el peligro que acecha la unidad de la comunidad desde el exterior: es el enemigo que ha querido destruir con las armas el orden comunitario, y merece por ello un castigo ejemplar. Por otro, Antígona encarna el peligro endógeno, ya que el germen que ha traído hasta las puertas de Tebas el enemigo es altamente contagioso, por lo que requiere también de medidas profilácticas internas que lo contengan. Este es el motivo principal del edicto que prohíbe el entierro de Polinices bajo pena de lapidación pública.

Roberto Esposito ofrece un análisis excelente de este principio inmunológico por el cual las comunidades humanas, constituidas como un cuerpo social a imagen y semejanza de un organismo pluricelular, intentan protegerse de lo que las amenaza. Según el modelo de unión por exclusión que hemos visto repetido, y que aparece reflejado en los análisis de Esposito, las «defensas» deben activarse tanto hacia el exterior como en el interior de la comunidad. Se trata de un modelo securitario que impone un cordón sanitario contra los agentes externos contagiosos y, al mismo tiempo, instiga las intrigas y las sublevaciones antes de que su nivel de organización corroa la comunidad desde dentro; un modelo que deja percibir tanto mejor la comunidad cuando la lleva al borde del colapso. Desde este punto de vista, la *immunitas* y la *communitas* son dos caras de una misma moneda, dos prefijos distintos para un mismo sustantivo, dos modos del *munus*: «Encargo, obligación, deber (también en el sentido de un don a restituir)» (Esposito, 2005, p. 14). La deuda, la falta o el pecado que, en tanto com-partidos, son *comunes* en la *com-munitas*, y que solo un cuerpo inmunizado puede, al mismo tiempo, eludirlos y ser su fundamento. Este puede ser de tipo jurídico-político o de tipo bio-médico. En cualquier caso, ambos están comprometidos por una línea de demarcación tenue que siempre está a punto de desdibujarse. ¿Qué prescribe el edicto de Creonte? ¿Es una ley o una terapia de sanación? ¿Es asimilable al «kathékon» (ibíd., pp. 77-114) paulino, que *salva* del mal porque ya lo ha englobado previamente, o al «phármakon» (ibíd., pp. 172-180) platónico, que *sana* porque sabe administrar el veneno en pequeñas dosis?

El *munus* está también presente en la teoría psicoanalítica en cuanto elemento estructurante de las comunidades humanas, donde la «castración» haría de «don a restituir». Se puede ver en *Tótem y tabú* (1913) de Sigmund Freud, a través del «mito del asesinato del padre» (pp. 143-148): la comunidad de asesinos del padre despiadado con sus hijos y desenfrenado con sus hijas se organiza a partir del crimen cometido, que opera como un pecado previo a la consumación, un delito previo al derecho y una protección previa al contagio. Como al padre de la horda no le falta el goce, le tiene que faltar la vida, como fuente de todo goce, para que pueda formar parte de la comunidad.

El mito del asesinato del padre primordial solo tiene sentido en psicoanálisis para establecer quién es el «agente de la castración», que recae por completo en la «función paterna» (Lacan, 1969-1970, p. 119). El padre de la horda es agente de la castración si, y solo si, ha sido previamente asesinado (castrado), es decir, si, y solo sí, ha sido «paciente de la castración». Por esto, si el padre de la horda era en vida inmune a la falta, al *munus*, que introduce la castración con su asesinato, no tiene mucho sentido plantear el mito del asesinato del padre de la horda en términos de una sucesión hereditaria plasmada en el derecho, adquirido por los hijos asesinos, a violar a las mujeres de la comunidad (cfr. Pateman, 1995, pp. 148-152). Por un lado, previamente al asesinato del padre no existía el derecho ni la comunidad, por tanto, tampoco podría existir algo así como la transmisión de una herencia legal; por otro, se estaría naturalizando la heterosexualidad, ya que, si el padre de la horda no tiene límite en su goce, por qué iba a limitar su «elección de objeto» a las hijas. Carole Pateman incurre en el mismo error que Freud al intentar criticarlo: explicar el mito a través de su historia, tan improbable como el mito. Esta es la «payasada darwiniana» con la que Lacan (1969-1970, p. 119) se refiere al mito del asesinato del padre primordial.

Sin embargo, se trataría, más bien, de explicar la historia —la del patriarcado, en este caso, que, por cierto, se relaciona con la paternidad en un sentido parecido al de la salinidad con el salario— a través del mito; y lo que la forma histórica del patriarcado oculta en el mito del asesinato del padre es que «el *kinship* es más antiguo que la vida familiar [...]. *Kinship* significa entonces tener parte en una *sustancia común*» (Freud, 1913, p. 137; el subrayado es mío). Si la acción ético-política de Antígona encarna la fatalidad familiar-estatal, es solo para hacer emerger esta «sustancia común». Dicho de otro modo: Antígona busca una salida a la fatalidad familiar-estatal en el parentesco, al hacer suyo, *avant la lettre*, el lema harawayano: «Make kin, not babies», y señalar con su acción ético-política que la familia patriarcal es solo una forma histórica, no necesaria y ciertamente lamentable del *kinship*.

El *munus* también se deja ver en «las fórmulas de la sexuación»:[8] la formulación de cuatro argumentos de una misma función fálica expresada en phi(x), donde «x» indica una posición subjetiva, siempre y cuando se entienda la noción de «sujeto» como «lo representado por un significante para otro significante», según la clásica definición de Lacan. Cada una de las cuatro posiciones subjetivas dan cuenta, a su modo, del aforismo lacaniano: «No hay relación sexual». Dos posiciones del cuadrante —inferior izquierda y superior derecha— son *comunes*: las que van precedidas de los cuantificadores «todo» y «no existe»; las otras dos —superior izquierda e inferior derecha— son *inmunes*: las que van precedidas de los cuantificadores «existe» y «no todo». La elección subjetiva de objeto, que Lacan representa con las flechas de la parte inferior del diagrama, está determinada por la posición que se ocupa en el cuadrante —masculina a la izquierda y femenina a la derecha—, y que es independiente del sexo asignado. Más adelante volveremos sobre este punto (2.4, Glosa), pues, ciertamente, parece como si Antígona, desde una posición no-toda, actuase amparada en algún tipo de inmunidad que no la hace retroceder ante los efectos de la ley dictada por Creonte.

8

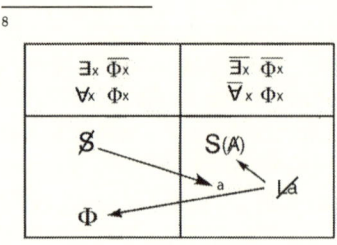

Pero ¿qué pasaría si en lugar de considerar al cuerpo social como un organismo con una identidad inalienable que, por tanto, hay que proteger de cualquier posible alteración, se considerase como un organismo de identidad variable en continua interacción e intercambio con el medio, o como un ecosistema para el que la proliferación de formas de vida diferentes en su interior no supone una amenaza, sino la condición de posibilidad de la vida y de la muerte? Este es el cambio de perspectiva que está en la base de los planteamientos ecofeministas de autoras como Donna Haraway y María Puig de la Bellacasa, para quienes la respuesta a la «exclusión normativa» butleriana, por la que el «menos que humano» siempre queda fuera de la comunidad, pasa necesariamente por contemplar la posibilidad de «comunidades más que humanas», donde las leyes no escritas, divinas o de la tierra, que Antígona invoca para justificar la acción de enterrar a su hermano, estarían contempladas: «Los futuros solo pueden ser más-que-humanos. Las pertenencias multiespecies humano-suelo emergentes pueden y deben contrarrestar la historia inerte de un Humano hecho de tierra por un Dios Único, que moldea la tierra en una imagen especular de un mundo Único» (Puig de la Bellacasa, 2023, p. 29).

Para Haraway, esta sería, más bien, la «historia natural» del «bicho» humano contada por el *Homo sapiens*; el que es «homo» [«igual, semejante (a sí mismo)»], además de «sapiens»; y esto último, no porque piense, sino porque «sabe» que piensa. Por lo demás, su modelo de pensamiento sigue siendo el que inauguró Tales de Mileto al caerse a un pozo mientras observaba las estrellas (cfr. Baceiredo, 2024, p. 30), y que trata de dar cuenta de un *arkhé*, de un fundamento y de una esencia única, inmutable e intransferible que caracterizaría a los individuos de la especie, teniendo al «hombre» como genérico-universal. La *Mixotricha paradoxa* es un buen contraejemplo a esta perspectiva universal. Bajo lupa, parece un organismo unicelular; bajo microscopio electrónico, «no es una, sino cinco; no varios cientos de miles, sino un bicho modélico para los holobiontes» (Haraway, 2023, p. 103).

31

La bióloga estadounidense Lynn Margulis acuñó el concepto de «holobionte» para referirse a las asociaciones y las relaciones simbióticas interespecíficas entre organismos vivos (Margulis, 1990). Se podría decir, sin faltar a la lógica ni al holobionte, que el holobionte *no existe*, pero, también, que el holobionte *es*, en sentido literal, *un ser vivo de todos*. Solo que el «todo» del holobionte no es universal, sino común.

Glosa. Lo común de la comunidad

No es casual que el término «común» [«koinón»] esté presente de entrada en el primer verso de la tragedia, proferido por Antígona en el diálogo que mantiene con su hermana Ismene, ya que en los primeros versos aparece condensada toda la complejidad que atraviesa la obra, por lo que volveré más adelante (3.1) al diálogo inicial y, en particular, al primer verso de la tragedia. Aquí me interesa referirme solo a la palabra «común», que es la segunda en aparecer después del enfático y onomatopéyico «Oh» [«ὦ»]. Es decir, es la primera palabra de la obra de la que podemos consultar el significado en un diccionario. Sin embargo, la primera expresión, sin tener un significado claro que se pueda contener en una definición, le va a dar el tono a la tragedia; es el «claim» con el que Judith Butler titula las conferencias que le dedica a Antígona (Butler, 2001), la «queja», el «lamento», la «demanda» —o el «grito», según la traducción castellana— aparentemente sin sentido que, según la autora estadounidense, va a desestabilizar los roles de género y de parentesco en la vida pública tebana. Pero es, también, la expresión «Words as battle cries [Palabras como gritos de batalla]» con la que Margulis (1990) se refiere por primera vez al «holobionte».

Antígona invoca lo común en el primer verso porque quiere persuadir a su hermana de formar una comunidad; pero no la de las asesinas del padre insufrible, omnímodo gozador y maltratador sin culpa, sino la de las enterradoras del hermano imbécil, enceguecido por el poder. Ismene, por el contrario, invoca la universalidad del edicto que acaba de promulgar Creonte —cuya desobediencia acarrea la pena de lapidación pública— para desestimar el ofrecimiento de su hermana y convencerla del peligro que comporta realizar la acción de enterrar a Polinices. La comunidad que Antígona le propone formar a su hermana es la más particular e inestable de todas, aquella constituida solo por dos personas. Sin embargo, es una comunidad que no se caracteriza por la posibilidad de asignar un predicado universal a cada uno de los individuos que la componen, al estilo de «Todo hombre es mortal», sino por un elemento «transindividual» (Simondon, 1964, p. 417) o «transubjetivo» (Lacan, 1953, p. 169) que sin ser exterior al individuo se aparta en cierta medida de él, un «entre» que no se puede predicar ni de Ismene ni de Antígona, simbolizado en el primer verso por la expresión: «común cabeza» (v. 1), según la traducción de Hölderlin (cfr. Steiner, 1987, p. 163). Esta «común cabeza» remite a una «individuación de grupo» (Simondon, 1964) y recuerda a los *philoi* aristotélicos, que «piensan con una sola mente» y tienen una «misma alma» (Bertollini, 2021, p. 17); pero es también la imagen de un «holobionte» y una forma poética de referirse al «*general intellect*» (Marx, 1858, pp. 216-230), así como una forma prosaica de referirse a la diferencia que establece Marx entre el concepto de «común» y el de «universal»:

> «Común» es lo que existe únicamente en la relación, en el «entre»; «universal», en cambio, es lo que existe en cada miembro de la especie considerado aisladamente. Lo común es el punto de partida de un *proceso de individuación*: el individuo es una modulación contingente e irrepetible de lo común. Lo universal, en cambio, es el predicado inherente a los individuos aislados, no sujetos a un *principium individuationis*, dados desde el principio como átomos inderogables. Lo común es *individuable, pero no predicable*; lo universal *es predicable, pero no individuable* (Virno, 2025, p. 93; cursiva en el original).

Es decir, lo común de la comunidad es la condición de posibilidad del principio de individuación, único e irrepetible, por el que cada miembro de la comunidad llega a ser lo que es, pero lo común de la comunidad no es asignable a, ni predicable de, ninguno de los sujetos que la componen.

33

Al igual que Marx en las *Tesis sobre Feuerbach*,[9] Antígona es antipsicológica, es decir, postula con su discurso la primacía de la relación social, del «entre» o del elemento común, por encima del individuo universal, de ahí que se dirija a su hermana como a aquella con la que comparte una cabeza. No es que el «entre» de la relación social anule el «yo» y el «tú» de Ismene y de Antígona, sino que el «entre» es la condición de posibilidad de «mi» acción y de la «tuya». La acción de enterrar a Polinices, también como acción negativa, es decir, incluso sin llegar a realizarla, como es el caso de Ismene, las va a *cambiar individualmente* a ambas de forma irremediable. Esta quizá sea la edípica fatalidad (de lo) familiar.

---

[9] «La esencia humana no es algo abstracto inmanente al individuo singular. En su realidad efectiva es el conjunto de las relaciones sociales» [Marx, K., *Ad Feuerbach*, en *La ideología alemana (I) y otros escritos filosóficos*, Losada, Buenos Aires, 2005, p. 17].

2. Antígona y los otros

2.1 Hegel y la dualidad de la ley

El conflicto entre Antígona y Creonte es lo que sostiene las re-flexiones de la *Fenomenología del Espíritu* (1807) contenidas en el capítulo VI dedicado al «Espíritu» —en particular, el apar-tado «A. EL ESPÍRITU VERDADERO, LA ETICIDAD [*SITT-LICHKEIT*]»—. En este capítulo, Hegel presenta al espíritu como habiendo superado e integrado en su devenir histórico los momentos previos de la conciencia, la autoconciencia y la razón. «Como conciencia inmediata del *ser en sí y para sí*, como unidad de la conciencia y de la autoconciencia, el espíritu es la conciencia que tiene razón. [...] Esta razón que el espíritu tiene [...] es la esencia *ética real*» (Hegel, 1807, p. 260; cursiva en el original). El espíritu *tiene* razón porque *no es* la razón. La dis-tancia que media el *tener*,[10] entre la unidad de la conciencia y la razón, es lo que permite que haya ética y política. Si fuésemos necesariamente razón, no habría culpa ni destino, pero tampo-co decisión ni libertad. Pero como el espíritu, en cuanto esencia ética real, no *es* la razón que *tiene*, aparece históricamente divi-dido entre «la ley humana» y «la ley divina» (cfr. ibíd., pp. 263-265). Hegel acude a *Antígona* porque muestra, como ninguna otra obra, la división del espíritu en dos leyes, a las que, por oposición, nombra «humana» y «divina», respectivamente. Se-gún el mismo esquema, esta división se redobla en el género de

---

[10] Para un excelente desarrollo de este modo de ser *esencial* en el ser huma-no, léase Paolo Virno, *Tener. Sobre la naturaleza del animal locuaz*, Ter-cero incluido, Cardedeu (Barcelona), 2023.

los individuos de la comunidad como división fenoménica e histórica, ya que la unidad de la conciencia solo puede adscribirse a una de las dos leyes.

Según esta escisión hegeliana, Antígona, como mujer, *debe* encontrar la sustancia ético-política en las leyes divinas, naturales, del hogar, subterráneas, inconscientes, de las sombras o de la sangre, que amparan los intereses de la familia y lo particular. Creonte, como varón, en las leyes humanas, públicas, cívicas, conscientes, luminosas o diurnas, que tienen por objeto el bienestar de la comunidad y lo universal. De ahí que Hegel considere que las mujeres deben estar al margen de la vida pública, pues, de lo contrario, harían de las instituciones estatales algo familiar.[11] Por un lado, entonces, la universalidad de la ley humana la encarna la singularidad del individuo (varón) al abandonar la familia para obrar en el Estado como conciencia de la comunidad. Por otro, la universalidad de la ley divina la encarna la mujer al tratar al individuo familiar (varón o mujer) de forma universal a través del entierro, modo de reconocer la humanidad abstracta del familiar más allá de su individualidad concreta como este o aquel ser humano, es decir, independientemente de cuál ha sido su proceso de individuación a través de las distintas instituciones humanas. Antígona, al enterrar a su hermano, no está exigiendo un trato especial para Polinices, a quien, salvo en dos ocasiones que lo llama por el nombre propio (vv. 27 y 903), siempre se refiere con el nombre común «hermano», sino que exige que el hermano reciba sepultura (humana), y no sea tratado como un animal o como un ser «menos que humano», tal y como proclama el edicto de Creonte: «Que se le deje sin sepultura y que su cuerpo sea pasto de las aves de rapiña y de los perros, y ultraje para la vista» (vv. 205-207).

---

[11] Este hegelianismo está presente aún en Lacan, por ejemplo, cuando afirma que Freud fue un mal padre para el psicoanálisis al dejar la institución psicoanalítica en manos de las mujeres y de los tontos de capirote (cfr. Lacan, 1959-1960, p. 216). Sobre el «tonto de capirote [*fool*]» volveré más adelante (2.2, Glosa).

Por un lado, la ley humana adquiere su universalidad al *reprimir* a la ley divina en el ámbito particular de lo doméstico, del *oikos*. Por otro, la ley divina adquiere su universalidad al *desplazar* a la ley humana hacia el hogar familiar, donde todos los miembros deben recibir cuidado hasta la muerte, e incluso, una vez muertos. La escisión de la unidad de la conciencia en dos leyes hace que la conciencia vea el derecho en una ley y el desafuero en otra: «Aquella que pertenece a la ley divina solo contempla en el otro lado un *acto de fuerza* humano y contingente; y, por su parte, la que corresponde a la ley humana ve en el otro la tozudez y la *desobediencia* del ser para sí interior» (ibíd., p. 274; cursiva en el original), por lo que ambas encuentran un límite interior en la *culpa*, y uno exterior en el *delito*. Antígona no puede negar la culpa interior ni el delito exterior, pero el valor de la acción de enterrar a su hermano consiste en «hacer que brote lo que de momento se halla encerrado solamente en la *posibilidad, enlazando* con ello *lo inconsciente a lo consciente, lo que no es al ser,* [...] *lo propio con lo extraño*» (ibíd., p. 275; la cursiva es mía). Por tanto, el gesto político de Antígona —la acción de *velar al muerto* acompañada de un acto lingüístico que reconoce su autoría— pretende el devenir universal en la comunidad del dar sepultura a una singularidad cualquiera en cuanto universal —sin este o aquel contenido concreto—, y que la ley humana reprime en la particularidad del ámbito doméstico. Es decir, el acto de Antígona pretende hacer pasar por necesaria y universal una ley que es del orden de lo contingente y particular.

El conflicto dialéctico entre las dos legalidades acaba con la vida de Antígona, pero para sobrevivir en la superación [«Aufhebung»] del conflicto en el Estado de derecho, donde los individuos ya no se encuentran divididos entre las leyes divinas y las humanas, sino que, como *personas jurídicas*, y no ya como individuos, se remiten todos por igual a la ley del Estado de derecho en ciernes, que se actualizará plenamente en la república de Roma.

Para Hegel, la familia se opone al Estado en una relación de mutua dependencia. Para Antígona, en cambio, que es hija-hermana del rey Edipo, hija-nieta de la reina Yocasta, hermana del rey Eteocles y prometida de su primo Hemón, príncipe e hijo del rey Creonte, *el Estado es familiar y la familia es estatal*.

Desde este punto de vista, el poder del Estado aparece tan monopolista como oligofrénico, al prescribir la exogamia a los ciudadanos para perpetuar la endogamia en el poder.

Glosa. Las leyes no escritas

«Las leyes no escritas e inquebrantables de los dioses» [«agrapta kasphale theon nomina»] (vv. 454-455) que Antígona invoca, no solo en su defensa, sino también para acusar a Creonte de ser el transgresor de estas (v. 454), no son unas leyes prehistóricas, en el sentido de ser previas a la aparición de la escritura y que Antígona trae caprichosamente a escena para salvar el pellejo —lo que, por otra parte, sería del todo respetable—, sino que son metahistóricas, en el sentido de que «no son ni de hoy ni de ayer, sino de siempre» (vv. 456). Es decir, si las leyes no han sido escritas es porque «no cesan de no escribirse» (cfr. Lacan, 1972-1973, p. 74), y no por ser analfabetas. Siempre cabe la *posibilidad* de alfabetizar un ordenamiento jurídico histórico determinado, pero que las leyes no escritas lleguen a escribirse es *imposible* por su carácter metahistórico. Y ahí radica precisamente su efectividad y su insistencia, lejos de ser un signo de inoperancia. Es decir, si hay leyes que no están escritas no es por falta de un alfabeto que las haga inteligibles, sino por la abundancia de sentidos en los que podrían ritualizarse histórica y culturalmente, por «un exceso de semanticidad que no puede resolverse en significados determinados» (De Martino, 1977, p. 89).

Pero ¿de dónde salen estas leyes no escritas que Antígona invoca? Las leyes que prescriben dar sepultura a los familiares vienen de la tierra, adonde en la cultura griega —así como en la cristiana— iban a parar los muertos. Son leyes ctónicas, subterráneas, del subsuelo, donde vive Diké (v. 450), la diosa griega de la Justicia. No son leyes divinas dictadas a los seres humanos desde las alturas del Olimpo, gobernado por Zeus, sino que vienen de las entrañas de la tierra, que son dominio de Hades.

Para Antígona, el dios Hades «desea leyes iguales» (v. 519), por la sencilla razón de que nadie escapa a la muerte, que iguala a todos, pero son «leyes iguales» por su carácter preindividual, es decir, independientes del proceso de individuación de este o aquel particular muerto, por lo que no admiten distinción en su aplicación: no hay inmunidad, como pretende Creonte al legislar sobre la muerte de Polinices. En este sentido, son leyes comunes, cuya valedora es Diké y no Zeus. El Derecho, en cambio, que ejerce Creonte mediante leyes universales, se funda en una diferencia inmune: hay derecho para todos porque existe al menos uno, el soberano, que queda fuera de la ley. Creonte le recrimina a Antígona en distintos pasajes de la obra (vv. 581 y 654) su pasión por las cuestiones del inframundo, y este va a ser el motivo principal, en el que me detendré más adelante (3.1), por el que va a cambiar la condena de lapidación pública por otra hecha *ad hoc*: ser enterrada viva. Si, siguiendo la lectura de Hegel, Antígona pretende hacer un uso universal de una ley particular, restringida a priori al ámbito doméstico del *oikos*, Creonte, por el contrario, con el cambio improvisado de condena, hace un uso particular de una ley universal, destinada a regir la vida en comunidad de la *polis*.

Esta diferencia entre divinidades ctónicas y celestiales, entre un tipo de legislación común y otro universal, entre un *sustrato común* y una predicación universal, está presente en Donna Haraway, para quien los dioses del cielo solo serían una catasterización de los de la tierra, que, a pesar de Hades, tienen una marcada impronta femenina y preceden en el tiempo a la mitología griega. Desde Gea/Gaia, diosa originaria que emerge del Caos, hasta Diké, diosa de la Justicia, pasando por Potnia Theron, señora de los animales, las divinidades femeninas han estado vinculadas a la tierra como sustrato común («humus») y opuestas a las divinidades celestiales como portadoras de la universalidad humana, para todos los casos igual («homo»). Sin embargo, para Haraway, que deriva el término «humano» de «humus» (capa superficial del suelo con actividad orgánica) y no de «homo» (idéntico a sí mismo), los seres ctónicos no están confinados en un pasado mítico y ya desaparecido, sino que, en la actualidad, «son un enjambre zumbador, urticante y sorbedor. Somos Humus, no Homo, no ántropos; somos compost, no pos-thumanos» (Haraway, 2019, p. 94).

2.2 Lacan y el límite de la representación

De algún modo, el psicoanálisis recoge la división hegeliana de lo ético entre lo masculino y lo femenino. Se puede rastrear en algunos textos de Freud, como *Algunas consecuencias psíquicas de la diferencia anatómica entre los sexos* (1925), para quien la diferencia con la que se manifiesta el complejo de castración en el hombre y en la mujer sanciona la diferencia en el sentimiento ético en ambos sexos. En Lacan, esa diferencia subsiste desus-tancializada en la «posición no toda» de las fórmulas de la sexua-ción (cfr. Lacan, 1972-1973, pp. 95-108), posición que, a pesar de estar representada con un cuantificador en una función fálica, no llega a subsumirse por completo en la universalidad de esta.

Sin embargo, si para Hegel la esencia de la tragedia reside en el conflicto ético entre la unidad de la conciencia y la duali-dad de su aplicación legal, para Lacan, en cambio, la esencia de la tragedia está en su finalidad catártica, tal y como la concibe Aristóteles en la *Poética*:

> Una tragedia, por lo tanto, es la imitación [mimesis] de una acción noble, completa y de *una cierta magnitud*, llevada a cabo mediante el uso del lenguaje, y haciéndolo agradable en cada una de sus par-tes, por separado; se basa en la acción y no en la narrativa, y, me-diante la compasión [éleos] y el temor [fobos], produce la purificación [catharsis] de dichas emociones (Aristóteles, *Poética*, 19b 24-26; la cursiva es mía).

A partir de esta definición, la lectura de Lacan, que no busca «una lección de moral» (1959-1960, p. 308), pero que irremedia-blemente la encuentra, fija inicialmente su atención en la belle-za de la joven Antígona. Pero en *no toda* su belleza, sino en «el

brillo de Antígona»: «Es ella quien nos fascina con su brillo insoportable, [...] en lo que tiene de desconcertante esta víctima tan
terriblemente voluntaria» (ibíd., p. 306). Este brillo es «irresisti-
ble» en el doble sentido del término: imposible de evitar y difícil
de soportar. Es un *no sé qué*, como el que hacía eco en los grandes
y tapizados salones de las artes del siglo XVIII, que señala un
velo del orden de lo «siniestro [como] condición y límite de lo bello» (Trías, 1982, p. 20). Para Lacan, hay un comercio seguro con
la fatalidad («Atè») si se traspasa ese límite *por mucho tiempo*
(cfr. Lacan, 1959-1960, p. 324). En una primera aproximación,
identifica la belleza de Antígona con este umbral, para después
definirlo «como el límite de la segunda muerte» (ibíd., p. 321): la
primera muerte sería biológica, la segunda, de inspiración sadiana, de orden cósmico.[12]

Lo que le interesa destacar a Lacan de la acción de Antígona
es la pasión y el deseo que la mueven. Respecto a la primera
muerte, Antígona es plenamente consciente de que su vida está
en riesgo por sus actos, tal y como asiente ante las repetidas
advertencias de su hermana Ismene en el diálogo del prólogo
(vv. 1-91). Respecto a la segunda, la acción de Antígona no solo
pretende enterrar a su hermano, sino también cambiar el orden
y el estado de las cosas de la ciudad, que solo pueden plantearse
como cósmicas por un equívoco en el concepto de «universal».
Para ello, sin duda, es preciso *agredir* el estado de las cosas, por
lo que Lacan sitúa la pasión que mueve a Antígona del lado de
la pulsión de muerte: «Cuando Antígona se pinta como Níobe pe-
trificándose, ¿con qué se identifica, sino con ese inanimado en el
que Freud nos enseña a reconocer la forma en que se manifiesta
el instinto de muerte?» (ibíd., p. 346). Pero, como una agresión no
implica siempre una destrucción, Lacan se responde a sí mismo:

---

[12] Lacan toma la noción de «segunda muerte» de la obra del Marqués de Sade,
Juliette o las prosperidades del vicio, Tusquets, Barcelona, 2009 [1796]. Véase la extensa cita de la que extrae la noción en Lacan, *op. cit.*, pp. 261-262.

La pulsión como tal, y en la medida en que ella es entonces pulsión de destrucción, debe estar más allá del retorno a lo inanimado. ¿Qué puede realmente ser entonces, salvo una voluntad de destrucción directa? [...] Pero ella es igualmente voluntad de creación a partir de nada, voluntad de recomienzo» (ibíd., p. 263).

La «pulsión de destrucción» o «una voluntad de destrucción directa», *no* es, aún, una destrucción consumada —lo primero es en *potencia*, lo segundo, en *acto*—, sino que es, en potencia, una «sublimación creacionista» (ibíd., p. 264). Sobre este punto volveré más adelante (3.2 Glosa), pero, por el momento, me conformo con subrayar que la acción de Antígona no supone una aniquilación *cósmica*, sino, más bien, una «destrucción fallida», al fracasar en su intento de hacer prevalecer las leyes divinas sobre las leyes humanas. En definitiva, la acción ético-política de Antígona es una *acción directa*: pulveriza la «cierta magnitud» de la definición aristotélica de «tragedia» y hace sensible, con su acción, por un lado, lo informe y lo siniestro de la Cosa, por otro, la constitutiva capacidad humana de medir y establecer magnitudes a través del acto de delimitar diferencias discretas entre lo humano y lo no-humano, el hombre y la mujer, lo posible y lo imposible, lo justo y lo injusto... para lo que sirve una fina capa de polvo. La acción «destructiva» de Antígona es la de una *fuerza política* que no aspira a la representación, sino a producir con su acto una esfera pública previamente inexistente (cfr. 3.3, Glosa).

Lacan basa su interpretación de *Antígona* en la superación de cierto límite identificado con la belleza de la protagonista. Solo un deseo inadvertido puede desear lo imposible (cfr. 1959-1960, p. 368) y traspasar ese umbral por mucho tiempo, lo cual, desde un punto de vista clínico, es inapelable: por no estar advertido de cierto límite constitutivo del deseo, el sujeto *cede en su deseo* (cfr. ibíd., p. 392) y no lo actualiza. Desde un punto de vista político, en cambio, que no sea conveniente desear lo imposible es un juicio reaccionario, pues toda ley universal fue una imposibilidad histórica que se elevó a necesidad, *por mucho tiempo.*

El efecto de lo bello sobre el deseo de Antígona la mueve más allá de ese límite temporal, dejándola en manos de la fatalidad («Atè») familiar; luego, el deseo de Antígona es un deseo de fatalidad: «Esto se debe a la belleza de Antígona —yo no invento esto, les mostraré el pasaje del canto del Coro donde esa belleza es evocada como tal y les demostraré que es el pasaje central— y al lugar que ella ocupa en el entre-dos de dos campos simbólicamente diferenciados» (ibíd., p. 307). Lacan hace esta afirmación en la primera de las tres sesiones que le dedica a *Antígona* en el *Seminario 7*. En las dos sesiones siguientes no cita el pasaje del Coro al que se refiere; principalmente, porque no hay una referencia explícita a la belleza de Antígona, ni en el Coro ni en toda la obra, a no ser que se considere «é Paîz» («la chiquilla», «la muchacha») como sinónimo de «la bella», lo cual diría más de Lacan que de Antígona. Sí que hay una referencia metafórica a la belleza genérica «de las doncellas» en el famoso canto del Coro a «Eros, invencible en batallas» (vv. 783-785), y sería el único pasaje al que Lacan podría estar refiriéndose de forma equívoca.

La otra ausencia en el texto de Lacan es el concepto de «sublime»: «Pues no hemos aún sacado toda la sustancia acerca de lo sublime que podemos obtener de las definiciones kantianas. La conjunción de este término con el de sublimación no es probablemente tan solo un azar ni simplemente homonímica» (ibíd., p. 369). Vale la pena recordar la fórmula que Lacan ofrece de la sublimación: «Ella eleva un objeto [...] a la dignidad de la Cosa» (ibíd., p. 140), sin olvidar las «definiciones kantianas» (cfr. Kant, 1790, pp. 39-160) de lo «bello» (un objeto que place porque el *entendimiento no puede* asignarle un concepto adecuado) y lo «sublime» (un horror sin objeto que *la razón que se tiene transforma* en placer a través del concepto). Es decir, la impotencia por un lado (*no hay* concepto del entendimiento *que satisfaga* al objeto), lo imposible por otro (el concepto de la razón *se satisface* sin objeto).

Pero ¿qué es la Cosa? Un «interior excluido» (ibíd., p. 128), «exterioridad íntima» o «extimidad» (ibíd., p. 175) «fundamentalmente velada» (ibíd., p. 148), ya que es «aquello que de lo real padece del significante» (ibíd., p. 156), y que tiene como fundamento primero «el Nebenmensch» (ibíd., p. 190), el «prójimo» interior al que se refiere Freud en el *Proyecto de una psicología para neurólogos* (1895). Según este recorrido por las distintas definiciones de Lacan, «la Cosa» de Antígona está *toda* en Creonte, y al revés, por lo que algunos de los epítetos que Lacan dedica a una y a otro admiten una inversión: Antígona es «inocente» (ibíd., p. 319), quiere «el bien de todos», pero comete un «error de juicio» (ibíd., p. 318), es humana. Creonte, por el contrario, es frío e inflexible, «un ser inhumano» (ibíd., p. 325) que padece «una especie de idiotismo» (ibíd., p. 326), un mártir, una «víctima tan terriblemente voluntaria» que debe ofrecer a los dioses subterráneos el sacrificio de sus dos hijos y su mujer,[13] seres amados y odiados a la vez, «para el mantenimiento de ese ser esencial que es la "Atè" familiar» (ibíd., p. 349). Esta inversión se puede rastrear hasta el final de la obra, donde es Creonte quien se halla entre-dos-muertes: «¡Ah, ah! Nueva muerte has dado a un hombre que ya estaba muerto» (v. 1288).

---

[13] Primero, Creonte ofrece a su hijo Meneceo en sacrificio a los dioses para ganar la guerra contra el ejército argivo comandado por Polinices. Después, su hijo Hemón se suicida junto al cadáver de su prometida Antígona movido por la inflexibilidad del edicto proclamado por su padre. Por último, la mujer, Eurídice, se suicida al conocer el triste final de su hijo Hemón.

El deseo de Creonte, como reverso del de Antígona, conecta mejor que el de esta con el «deseo fundante y criminal de la madre» (ibíd., p. 348).[14] El deseo de Yocasta, una especie de *madre para todos*, es un deseo fundante en cuanto condición de posibilidad de la estirpe edípica; criminal, porque no lo detiene la profecía del asesinato de Layo.[15] Parafraseando la célebre frase de Von Clausewitz, para Creonte: *la razón de Estado es la continuación del deseo de la madre por otros medios*. Para Antígona, en cambio, el deseo de la madre es *un desafío imposible*: si hace suyo el deseo fundante de su madre, sus hijos serán carne de cañón del Estado; si, por el contrario, se enfrenta al Estado, cumple con «los infortunios que vienen del lecho materno» (vv. 864-865). Si su acción fracasa, es por no encontrar una salida a este desafío.

Glosa. Conjeturas sobre una siniestra lacaniana

El concepto de «éxtimo» es, seguramente, el más rico —y por ello, quizá, el que presenta mayor dificultad de abordaje— que nos ha dejado Lacan para repensar la política. Sin duda, mucho más rico que el concepto tautológico, o «la tontería», dicho en lacaniano, de «significante vacío» con el que Ernesto Laclau (cfr.

---

[14] Lacan llama «Deseo de la Madre» al obstáculo, más o menos grave, del deseo.

[15] Según la versión del mito que relata Robert Graves, Yocasta no era conocedora de la profecía del oráculo, por lo que sería más preciso hablar de «homicidio imprudente» que de «crimen»: «Layo, hijo de Lábdaco, se casó con Yocasta y gobernó Tebas. Afligido por no haber tenido hijos durante largo tiempo, consultó en secreto el oráculo de Delfos, el cual le informó que esa aparente desgracia era un beneficio, porque cualquier hijo nacido de Yocasta sería su asesino. En consecuencia, repudió a Yocasta, *aunque sin darle explicación alguna de su decisión*, cosa que le ofendió a ella de tal modo que, después de hacer que se emborrachara, consiguió mañosamente que volviera a sus brazos en cuanto hubo anochecido. Cuando, nueve meses después, Yocasta dio a luz un hijo, Layo lo arrancó de los brazos de la nodriza, le taladró los pies con un clavo, se los ató el uno al otro y lo dejó abandonado en el monte Citerón»; *Los mitos griegos II*, Alianza, Madrid, 2011, p. 4; la cursiva es mía.

45

2005a; cfr. Ostiguy, 2023) hizo escuela aplicando la «enseñanza de Lacan» al terreno de la política, y con el que se ha oficiado el enlace, algo siniestro, entre el populismo y una parte del lacanismo autodenominada «izquierda lacaniana».

Si pensar, según Hegel, es inventar conceptos para dar cuenta de nuestro tiempo, Lacan nos muestra en el *Seminario 7* cuál ha sido la deriva de su pensamiento hasta acuñar el concepto de «éxtimo» (no como opuesto a «íntimo»,[16] sino como su antónimo y su sinónimo, al mismo tiempo). En realidad, nos viene a decir Lacan, tampoco ha inventado gran cosa. Al menos, nada que no estuviera presente en la obra de Freud, en un *«phylum»* (ibíd., p. 52) que va desde el *Entwurf* (*Proyecto de una psicología para neurólogos* [1895]), con la noción de «Nebenmensch» (literal: «el hombre de al lado»), hasta *Esquema del psicoanálisis* (1940 [1938]), con la de «escisión del yo» («Spaltung»), pasando por el capítulo VII de *La interpretación de los sueños* (1899), *Introducción al narcisismo* (1914), *La negación* (1925) o *El malestar en la cultura* (1930). En este recuento —porque Lacan era un hombre que tenía también sus olvidos— se echa en falta *Das Unheimliche* (1919), ya que «el hombre de al lado» está en un «lado» que no es abordable para el sujeto; le es *extraño* y *ajeno* siendo su núcleo subjetivo, es decir, lo más *propio* y *familiar* que estructuralmente tiene. La extimidad es esa Cosa, un olvido que *no* se puede olvidar como motor inmóvil de la psique humana y cuyo encuentro, el sujeto, continuamente *rodea* para no cesar de no encontrarlo.

¿Cómo abordar desde lo éxtimo la clásica distinción política entre la izquierda y la derecha? También en el *Seminario 7* Lacan nos dice algo que ya sabíamos, pero que siempre va bien corroborar con el otro: «Freud no era marxista» (ibíd., p. 258). En lo político, entonces, ¿Freud era de derechas? Lacan lo sitúa entre lo humanitario —pero no en el sentido cínico al uso, el de prestar auxilio después de haber provocado el desastre, sino, más bien, en el terenciano del «nada de lo que es humano me es

---

[16] «Íntimo» es el primer sinónimo que da Freud de «heimlich»; en Freud, S., *Lo ominoso*, en *Obras completas, XVII*, p. 220.

ajeno»— y el antiprogresismo: «Freud no era progresista» (ibíd.). Respecto a su «ética humanitaria», nada que añadir. Freud fue un médico que se pasó la vida atendiendo los delirios de los demás y la naturaleza humana le era bastante familiar. Respecto a su antiprogresismo, se sostiene en una ecuación facilona, pero efectiva, que hace pie en el mito del asesinato del padre primordial: progreso=superyó. Toda liberación es fuente de culpa, toda novedad es servida por la pulsión de muerte. Es el pesimismo de Freud presente, por ejemplo, en *El malestar en la cultura*, pero alguien que vivió y sufrió dos guerras mundiales tampoco tenía motivos para ser optimista.

A lo largo de sus escritos e intervenciones, Lacan se refiere, en las contadas ocasiones en que lo hace, tanto al «izquierdismo» como a la «izquierda». Esta es una referencia obligada para alguien que *es* o *se siente* de izquierdas: diferenciar entre la izquierda, que es la buena, y el izquierdismo, que es el malo, y que como mínimo se remonta a *La enfermedad infantil del izquierdismo en el comunismo* (1920) de Lenin; él sí, marxista y progresista, aunque escribiera este libro con un título más propio de Freud. Si traigo a colación no tanto a Lenin como al leninismo es porque representa la «división subjetiva» de la izquierda, que siempre anda dividida entre gente verdaderamente de izquierda e izquierdistas. El legado del leninismo se condensa en la célebre consigna: «Comunismo son los soviets más la electrificación de todo el país». Por el devenir de la historia, o, como se dice, «a toro pasado», se deja ver *el lapsus de Lenin* que contiene la frase: la cooptación de los soviets como institución revolucionaria por parte de los bolcheviques y la *electrocución de todo el país*, es decir, la eliminación paranoica de toda disidencia a la más mínima sospecha, la que, en el paranoico, nunca encuentra límite.[17]

En cualquier caso, las referencias de Lacan al izquierdismo o a la izquierda suelen ser entre irónicas, críticas y despectivas.

---

[17] Para una crítica del leninismo como lo impensado del movimiento revolucionario, léase: Del Barco, O. (2024), *Esbozo de una crítica a la teoría y práctica leninistas*, Tercero incluido, Cardedeu (Barcelona) [edición a cargo de Pablo S. Lovizio e introducción de Luis I. García].

47

Por ejemplo, cuando establece la diferencia entre el *fool* y el *knave*, y la *knavery* y la *foolery* en la que desembocan los postulados políticos de uno y de otro. Para Lacan, el intelectual de izquierdas es un *fool*. Diana Rabinovich lo traduce por «tonto de capirote», condensando en el «capirote» el sentido bufonesco que tiene la palabra «fool», y que desaparece si se traduce simplemente por «tonto». «El *fool* es un inocente, un retardado, pero de su boca salen verdades, que no solo son toleradas, sino que además funcionan» (ibíd., p. 227). Como al bufón de la Corte, al intelectual de izquierdas se le permite decir «verdades» que «funcionan», es decir, que pueden llegar a tener cierto recorrido en la política. Por el contrario, el intelectual de derechas es, para Lacan, un *knave*: un «canalla», un «villano consumado» por el que siente cierta simpatía, al no retroceder «ante las consecuencias de lo que se llama realismo, es decir, cuando es necesario, confiesa ser un canalla» (ibíd.). Lacan simpatiza más con el *knave* que con el *fool* porque el *knave* habla por sí mismo, en cambio, el *fool* habla por los demás. Sería preferible abordar la política desde el *knave*, si no fuese por una especie de quiasma que hace culminar infaliblemente la constitución de «una tropa de canallas» en la «tontería colectiva» (*foolery*), esa que se deja ver nítidamente, por ejemplo, en cualquier mitin del Partido Popular. Por el contrario, los postulados políticos del *fool*, cuando son compartidos, culminan en una canallada colectiva (*knavery*), ya que hablan de algo que no sufren, y que revela «esa disimulada astucia inocente, incluso esa tranquila impudicia, que les hace expresar tantas verdades heroicas sin querer pagar su precio» (ibíd., p. 228).

Si hubiese una «siniestra lacaniana» no sería «posmarxista», que es como se suele llamar a la subsunción gramsciana de la crítica de la economía política de Marx en el Estado democrático-liberal, sino, más bien, premarxista, en el sentido de un marxismo previo al de Lenin (por ejemplo, el del Marx inventor del síntoma, de la plusvalía [plus de goce] y de la forma-mercancía como presentación de todo lo ente en el capitalismo), o transmarxista, en el sentido marxiano de que *siempre* deben ser los oprimidos los agentes de su propia emancipación, y esto, incluso, sin marxismo y sin lacanismo.

Si la hubiese, la siniestra lacaniana haría política desde la ambivalencia de la primera persona, éxtima a sí misma, sustrayéndose de, o desbordando, según el caso, la noción de «sujeto político»; abandonaría definitivamente la *Realpolitik*, como *gestión progresista del desastre*, para centrarse en una *política de lo real*, como *invocación y escucha de las leyes no escritas que no cesan de no escribirse*; se posicionaría políticamente entre lo humanitario y el antiprogresismo; tomaría lo común no como un predicado de la soledad (Alemán, 2024), sino como un *sustrato* preindividual, un «real» reacio a toda representatividad política; y, sin dejar de ser pesimista respecto a las posibilidades humanas de implementar políticas verdaderamente emancipatorias, trataría, en palabras de un antiprogresista como Walter Benjamin, de «organizar el pesimismo» (Benjamin, 1929, p. 314).

Pero una siniestra lacaniana no la hay, lo cual no impide que no fuese necesario que la hubiera.

2.3 Butler y el límite de la representatividad

La ambivalencia del deseo fundante y criminal de Yocasta está presente en la polivocidad etimológica del nombre «Antígona», que, como ya se ha dicho, puede significar «comparable a su padre», «en el lugar de la madre» y «antigeneración» (Butler, 2001, p. 40). La lectura de Lacan, según la cual la acción de Antígona realizaría el deseo de Yocasta, es fiel a la etimología respecto al sentido que Robert Graves propone («in place of a mother»), pero no respecto al más literal («antigeneración»), ya que la ausencia de descendencia pone fin a la fatalidad familiar, iniciada con la gestación de Edipo (fundante) y el asesinato de Layo (criminal). La lectura de Judith Butler, en cambio, subraya el sentido etimológico más evidente del nombre, ya que Antígona «se opone a la procreación», tal y como se daba en la *polis* griega, al transgredir las normas de género y de parentesco (cfr. ibíd., p. 21); pero desatiende el sentido propuesto por Graves cuando considera que Antígona «ocupa, lingüísticamente, cada posición de parentesco *excepto* "madre"» (ibíd., p. 98; cursiva en el original).

Tanto la lectura de Butler como la de Lacan fijan la atención en la cuestión del límite, de esa zona liminal que se abre *entre* el lenguaje y la praxis, *entre* la decisión y el acto de *velar al muerto*, y donde la cuestión del tiempo, del *entre*, es fundamental. Ni mucho ni poco, se trata de dar con el «kairós», el momento adecuado. Este es el que se le escapa irremediablemente a Antígona, y esa es su tragedia. Creonte decide *demasiado tarde* indultarla, ella *demasiado pronto* suicidarse. La diferencia entre ambos es que la liminaridad que habita Antígona, como figura ético-política, no apunta «a la política como cuestión de representación, sino a esa posibilidad política que surge cuando se muestran los límites de la representación y la representatividad» (ibíd., p. 16). Por el contrario, Creonte *representa a la comunidad*.

En las tres conferencias recogidas en el volumen *El grito de Antígona*, Butler aborda el límite de la representación —la Cosa lacaniana— desde el punto de vista del género y del parentesco, y de cómo ambos están articulados al lenguaje. Antígona «desestabiliza el género» al tomar la palabra en un espacio público reservado a los varones. Su argumento fundamental, dirigido a Creonte, es el siguiente: «No pensaba que tus proclamas tuvieran tanto poder como para que un mortal pudiera transgredir las leyes no escritas e inquebrantables de los dioses» (vv. 451-455). La única *posibilidad* que tiene «una mujer» de hablar en el espacio público, «varonil» y «universal», es hablando el lenguaje universal y varonil del poder (cfr. ibíd., p. 26). Pero el desafío de Antígona no es una diferencia (en este caso habla una mujer) que se repite (en un lenguaje de hombres), sino una diferencia (algo del orden de lo *personal*, como la muerte de un hermano) que se introduce en la repetición (la ley humana hegeliana) para desestabilizarla. «Lo personal es político» —la célebre consigna feminista— significa este tránsito *posible* entre lo particular y lo universal, y no que mi «yo» es más grande que el sol.

A partir del desafío a Creonte, las referencias a la inestabilidad en los roles de género se suceden en la obra, pero los versos

738-742 son determinantes al respecto: Hemón le dice a su padre que sería el gobernador perfecto en el desierto, es decir, en un lugar sin humanos; Creonte lo acusa de aliarse con «la mujer», refiriéndose a Antígona; el hijo responde que eso es cierto solo si su padre es «una mujer»; es decir, Hemón defiende la universalidad que representa su padre, independientemente del género asignado a este. La tragedia paralela de Creonte se desarrolla en la obra a partir del diálogo con su hijo. El desafío de Antígona lo empuja a una decisión *imposible* de tomar: o gobierna como «una mujer» haciendo *posible* el entierro de Polinices, o no gobernará más. Dicho de otro modo: la única decisión que puede tomar para mantenerse en el poder es la de elevar a universal una ley particular, pero *toma la decisión demasiado tarde para todos*.

Por otra parte, Butler insiste en más de una ocasión en el amor incestuoso de Antígona hacia Polinices como lo que la empuja en su acción, aunque matiza que, si bien Antígona no amará a otro hombre que no sea el que está muerto, de alguna manera ella también es un hombre (cfr. ibíd., p. 85). Una lectura siniestra de *Antígona* no anula el carácter incestuoso ni homosexual del amor hacia el hermano, pero añade que en el acto de enterrar a Polinices se manifiesta también el odio hacia este, de ahí el deseo irrefrenable de ocultar el cuerpo a la vista, un cuerpo cuya descomposición no tolera que se le haya odiado.

Butler considera que el gesto político de Antígona describe «un nuevo campo de lo humano, logrado a través de la catacresis política, la que se da cuando el menos que humano habla como humano, cuando el género es desplazado y el parentesco se hunde en sus propias leyes fundadoras» (ibíd., p. 110). Lo paradójico es que *lo que habla* está afectado, y *tiene* poder de afectación, por la performatividad del lenguaje; la misma ley que lo limita *recursivamente* es la que le permite desplazar *recursivamente* sus límites. La acción de Antígona está mediada por actos lingüísticos, en concreto, dice Butler, por una «catacresis política», es decir, por una metáfora sin término de origen, una especie de creación ex nihilo, que hace aparecer en la esfera pública un sujeto que hasta entonces no existía como tal o que era invisi-

51

bilizado. Sin embargo, Antígona «solo puede llevar a cabo esta actuación a través de la apropiación de las mismas normas del poder a las que se opone» (ibíd., p. 26); es decir, para elevar su acción al carácter de legislación universal debe hablar el lenguaje universal del poder. Pero hablar el lenguaje del poder *no* significa necesariamente aceptar el campo que este delimita.

Butler critica con razón a Žižek por considerar que el «¡no!» de Antígona a Creonte la lleva a la muerte y que, en contraposición, el acto masculino sería afirmativo y con capacidad de fundar un nuevo orden (cfr. ibíd., p. 94); pero coincide con él cuando considera que el lenguaje de Antígona no es el de «una agencia política que aspire a la supervivencia» (ibíd., p. 48). Por el contrario, para una lectura siniestra, es precisamente el «no» de Antígona a dejar a su hermano sin sepultura lo que tiene la capacidad de *fundar* un nuevo orden, que no puede advenir sin la *destitución* del viejo. Quizá el «no» de Rosa Parks sea femenino y destructivo, como consideraría Žižek, pero sin ese «no» la población negra estadounidense hubiera sufrido por más tiempo la segregación racial en espacios públicos como un autobús. Del mismo modo, cuando se convoca una huelga o se sabotea una línea de montaje, los obreros están profiriendo un rotundo «no» a la explotación laboral y, al mismo tiempo, señalando hacia la abolición del trabajo.[18]

Para Butler, como decía, la cuestión del tiempo que media entre la praxis y el lenguaje es también fundamental en el desarrollo de la tragedia; un *entre* donde cada hecho es el efecto temporal de alguna palabra previa que establece un trágico retrasar para el que «todo lo que pasa ya ha pasado» (ibíd., p. 89). Pero si todo lo que pasa ya ha pasado, en el eterno retorno de lo mismo, lo que se cumple es precisamente la fatalidad familiar, coincidiendo con la lectura de Lacan. En cambio, el gesto político de Antígona abre un agujero en la familia como forma histórico-social del parentesco porque su demanda se sitúa en

---

[18] Para una profundización en el poder y los límites de la negación, léase el ensayo de Paolo Virno, *Saggio sulla negazione*, Bollati Boringhieri, Turín, 2013.

un modo y en un tiempo verbales que no son el indicativo, sino el condicional contrafáctico (si hubiese...) y el futuro anterior (habrá sido). Desde el condicional contrafáctico: «Si inscribiese en la ciudad las leyes no escritas de los dioses, entonces no sería delito enterrar a mi hermano». Desde el futuro anterior: «No se habrán inscrito en la ciudad las leyes no escritas de los dioses, lo que significará que mi hermano quedará insepulto», y en el tiempo que pasa *ahora*, que es el de la tragedia, resulta tan insoportable para Antígona como para justificar la acción delictiva de *velar al muerto*.

Glosa. Si hubiese...

Un condicional contrafáctico es un argumento hipotético, con la premisa en modo subjuntivo y la conclusión en modo condicional, que va *contra los hechos*. Tiene la misma forma que la pregunta que se hace Judith Butler citando a George Steiner: «¿Qué pasaría si el psicoanálisis hubiera tomado a Antígona, en lugar de Edipo, como punto de partida?» (ibíd., p. 81). La pregunta es contrafáctica porque el *hecho* es que el psicoanálisis tomó como «punto de partida» a Edipo, y no a Antígona, pero permite pensar *mundos posibles* a partir de otro punto de partida distinto. También Lacan usa y valida el condicional contrafáctico: «Si hubiese otro, pero no hay sino el goce fálico [...]. Es falso que haya otro, lo cual no impide que sea verdad lo que sigue, a saber, que haría falta que no fuese ese. Ven que es enteramente correcto. Cuando lo verdadero se deduce de lo falso, vale» (Lacan, 1972-1973, p. 75; cfr. 1969-1970, p. 65). La bondad del condicional contrafáctico es que a partir de una premisa falsa o imposible en el tiempo presente llega a conclusiones —conjeturales, ya que tienen que darse en un modo condicional, no indicativo— posibles o verdaderas en el tiempo futuro. Su campo de acción habitual es la epistemología científica, que usa para poner a prueba las leyes que determinan si cierto enunciado forma parte del discurso científico o no, es decir, para poner a prueba el orden de lo necesario en las ciencias.

53

El futuro anterior es un tiempo verbal que permite situar lo que sucederá como ya sucedido. Cuando el futuro se presenta como pasado se puede vislumbrar cómo estaremos en una situación que aún no ha sucedido y, por tanto, poner remedio o no hacer nada en absoluto en el tiempo presente, en función de lo vislumbrado. Solo si Antígona se dice a sí misma: «Lo habré enterrado», refiriéndose al cadáver de su hermano, puede ponerse en el lugar de haber realizado la acción e intuir cómo le sienta *ahora* el delito por cometer *después*, y, por tanto, si vale la pena su realización.[19]

El condicional contrafáctico y el futuro anterior son el modo y el tiempo verbales con los que Antígona ampara y justifica su acción en las leyes divinas, de la tierra y familiares, que no son de hoy ni de ayer, sino de siempre. Sin embargo, con la acción de *velar al muerto* no desea restituir nostálgicamente el valor original de lo antiguo o de lo sagrado, sino tomar el tiempo *a contrapelo* y convocar la legalidad alternativa del parentesco que contiene el pasado en un «futuro escandaloso» (Butler, 2001, p. 62) que pondría fin a la fatalidad *de lo* familiar.

2.4 Lévi-Strauss y el nacimiento de la cultura

Lacan vuelve a mencionar las leyes no escritas en el *Seminario 20. Aun*, al definir lo necesario como «lo que no cesa de escribirse», lo contingente como «lo que cesa de no escribirse» y lo imposible como «lo que no cesa de no escribirse» (p. 74). Según estas definiciones de los conceptos de la lógica modal, las leyes no escritas a las que Antígona se refiere solo pueden ser las que no cesan de no escribirse, y su gesto político es el que va de lo imposible a lo necesario, pasando por lo contingente. Es decir,

---

[19] Para un excelente desarrollo de la relación entre los conceptos de la lógica modal, el condicional contrafáctico, el futuro anterior y las formas de vida contemporáneas, léase Paolo Virno, *Un dédalo de palabras. Por un análisis lingüístico de la metrópolis*, en *Ejercicios de éxodo. Lenguaje y acción política*, Tercero incluido, Cardedeu (Barcelona), 2021, pp. 61-93; en especial el apartado 7, pp. 72-78.

la contingencia es quien reparte imposibilidades y necesidades, y no lo necesario lo que determina lo imposible y lo contingente. De ahí que Lacan subraye que lo necesario «nos lo introduce el *no cesa*» (ibíd., p. 114), es decir, lo necesario es un efecto de lenguaje que introduce la negación. No existía previamente a esta introducción.

Para Lacan, lo que no cesa de no escribirse es la relación sexual que *no hay*, y que vuelve contingente cualquier posición sexual que se ocupe. Dicho de otro modo: la contingencia de toda posición sexual se debe al *no hay* de la relación sexual. *Si hubiese* relación sexual, al menos una, toda posición sexual sería necesaria y viviríamos en «la paz sexual» de los animales.[20] Para Antígona, en cambio, lo que no cesa de no escribirse es la relación de dominio que *no hay*, que es fundamentalmente sin fundamento («*an-arkhé*»), y que vuelve contingente cualquier posición soberana que se ocupe. *Si hubiese* una relación de dominio necesaria, no sería posible que Creonte, como soberano, afirmara lo siguiente: «No existe un mal mayor que la anarquía» (vv. 672-673); es decir, no consideraría la anarquía como una organización social posible.

Tanto para la antropología social como para el psicoanálisis, la ley no escrita por antonomasia es la prohibición del incesto, la ley que no puede estar escrita en los «Diez Mandamientos» porque no cesa de no escribirse.[21] Filogenéticamente, la antropología social señala la asunción de la prohibición del incesto como el *paso* de la naturaleza a la cultura en el ser humano. Ontogenéticamente, el psicoanálisis señala la asunción de la prohibición del incesto como la *resolución* del complejo de Edipo en cada sujeto. Para ambas disciplinas, la prohibición del incesto tiene una fun-

---

[20] Lacan, J., *El Seminario de Caracas*; citado en Cimatti, F., *Filosofía de la animalidad*, Tercero incluido, Barcelona, 2021, p. 126.

[21] «En esos diez mandamientos no está señalado en ningún lado que no hay que acostarse con su madre» [Lacan, *Seminario 7. La ética del psicoanálisis*, Paidós, Buenos Aires, 2020 [1959-1960], p. 88].

ción estructurante. La estructura del sujeto es el campo del psicoanálisis. La estructura de la sociedad es el campo de la política.

La prohibición del incesto es el pasaje de la costumbre a la aversión que hace posible el intercambio en el que se fundan las sociedades humanas. Según la antropología clásica, desde Mauss hasta Clastres, el intercambio particular de mujeres entre hombres de distintos grupos sociales habilita el intercambio general de bienes y de palabras entre unos grupos y otros. De este modo, las hordas aculturales, consanguíneas e incestuosas que desconocen el intercambio se convierten en sociedades humanas, intercambistas y familiares. Desde este punto de vista, hablar de «sociedades patriarcales» es una tautología, así como es un oxímoron hablar de «economías feministas», pues, según la antropología cultural, las sociedades y las economías se fundan en la renuncia de los varones a satisfacer sus impulsos sexuales con las mujeres de su grupo de parentesco.

Lévi-Strauss ejemplifica de forma excepcional la renuncia pulsional que está en juego refiriéndose a un ceremonial que le era bien conocido. En su época, en los restaurantes populares del sur de Francia era habitual compartir mesa con desconocidos. Aunque todos comían y bebían lo mismo, comían y bebían de forma diferente. Respecto a la comida, el *plat du jour* era el mismo para todos, pero cada uno lo comía para sí. Respecto a la bebida, en cambio, se trataba de un vino peleón, servido en unas jarras o botellas de apenas un vaso de capacidad, al que la costumbre obligaba a renunciar para servírselo al compañero ocasional de mesa. Evidentemente, con ese gesto de renuncia se esperaba poder beber el vino del otro —que sustancialmente era el mismo vino peleón— y que, por tanto, la prohibición de beber el vino propio fuese recíproca. El intercambio inicial del vino entre comensales desconocidos permitía posterior y ocasionalmente intercambiar palabras y bienes. ¿Por qué traer este ejemplo a colación?

La repugnancia que experimenta un campesino meridional al beber de su propia botella de vino proporciona el *modelo* según el cual se construyó la prohibición del incesto. Por cierto, esta no proviene de aquella. Sin embargo, creemos que ambas [...] son *elementos* [...] del complejo fundamental de la cultura» (Lévi-Strauss, C., 1969, p. 101; la cursiva es mía).

La prohibición de beber el vino propio y la del incesto son *elementos* de un mismo *modelo*. ¿Cuál es ese modelo? La hipótesis de este ensayo señala a *lo siniestro del vivenciar* freudiano, que siempre se puede reconducir «a lo reprimido familiar de antiguo» (Freud, 1919, p. 246); es decir, a lo familiar que se hace extraño, a lo propio que se hace impropio, a lo íntimo que se hace éxtimo, a la costumbre que se hace aversión, *por mucho tiempo*.

Si hubiese otro paso de la naturaleza a la cultura que el que sanciona la prohibición del incesto, podría estar contenido en el gesto antropológico fundamental de Antígona de *velar al muerto*; o en este pasaje de Freud:

No fue el enigma intelectual ni cualquier caso de muerte, sino el conflicto afectivo a raíz de la muerte de personas amadas, pero al mismo tiempo también ajenas y odiadas, lo que puso en marcha la investigación de los seres humanos (1915, p. 295).

El dar sepultura a las personas amadas, pero también ajenas y odiadas, podría considerarse como el primer ritual humano y el nacimiento de la cultura, «lo que puso en marcha la investigación de los seres humanos». Según esta hipótesis antigoniana y siniestra, los seres humanos se prohibieron comerse a *sus* muertos *antes* que follarse a *sus* vivos. Que la alimentación, que ya no es *comer*, anteceda en la cultura al sexo, que ya no es *follar*, podría tener su «historia natural» en la siguiente cita de Haraway: «Alimentarse —y no un egoísmo neodarwiniano— es "la explicación evolutiva en última instancia"; y alimentarse es, definitivamente, tan infeccioso como social... Biológicamente, la alimentación triunfa sobre el sexo como fuerza innovadora y es la que hace posible al sexo en primer lugar» (Haraway, 2019, p. 280). De modo que es plausible que la costumbre de comerse a los seres queridos difuntos se convirtiese en una aversión que debía ser velada con un rito funerario. En este caso, y a diferencia de los de la prohibición del incesto y del complejo de Edipo, es la imagen del cuerpo del difunto lo que articula la divergencia significante entre presencia y ausencia, «Fort-Da», y no la imagen de la tumescencia y la detumescencia del pene (cfr. Lacan, 1971-1972, p. 36; cfr. David-Ménard, 2016, pp. 13-21). Si la diferencia entre la aversión que provoca el sexo y la que provoca la muerte puede tener cierta relevancia en la actualidad es porque en el capitalismo tardío: «La muerte ha reemplazado al sexo como principal interdicción» (Cazenave, 2010).

Glosa. El complejo de Antígona o Antígona sin complejos

Volvamos a la pregunta que se hace Judith Butler: «¿Qué pasaría si el psicoanálisis hubiera tomado a Antígona, en lugar de Edipo, como punto de partida?» (2001, p. 81). Dicho de otro modo: ¿qué pasaría si Antígona ocupase el lugar que ocupa su padre en el psicoanálisis? La historia del psicoanálisis es también la historia de la erosión de la figura paterna. Desde el asesinato del padre de la horda hasta *le déclin du père* como diagnóstico de gran parte de los malestares de la actualidad, el padre parece tener su razón de ser como instancia a ser cuestionada.

La obra de Freud se puede dividir en dos grandes preguntas. En la primera parte —aproximadamente hasta mediados de los años veinte—, la pregunta fundamental que hace de motor de sus investigaciones es: «*Was will das Weib*? [¿qué quiere la mujer?]». La segunda gran pregunta freudiana, la que, por ejemplo, estaría detrás de *Moisés y la religión monoteísta* (1939), es ¿qué significa ser padre?, ¿para qué sirve tener un padre?, ¿cuál es la función que desempeña en la psique humana esa figura tan cuestionada como incuestionable?

Como hemos visto (1.1), «comparable a su padre» es otra etimología posible del nombre «Antígona», la más peregrina, pero que se aproxima a la lectura que hace Dufourmantelle del personaje, y, según la cual, «para que pueda aparecer un nuevo tiempo» (2022, p. 78), Antígona restituye, con su acto sacrificial, el lugar sagrado del padre, profanado por sus hermanos en un ritual. Es decir, su sacrificio, su «*sacer facere*» [hacer sagrado], consistiría en ocupar el lugar del bocado sagrado negado a su padre. Si el complejo de Edipo se caracteriza por albergar el deseo inconsciente de matar al padre y acostarse con la madre, *si hubiese* un complejo de Antígona quizá lo constituiría el deseo inconsciente de ser devorada por el padre —o ser incorporada al cuerpo sagrado del padre— y matar a la madre, posición simbólica de parentesco cuya actualización es negada en el nombre «Antígona».

En la Glosa anterior he analizado la pregunta de Butler desde un punto de vista formal, respecto al condicional contrafáctico que contiene (el modo verbal emparentado con el futuro anterior que permite lingüísticamente pensar el estado de las cosas como *no* es). Aquí se trataría de ver en qué sentido Antígona es «comparable» a Edipo desde un punto de vista estructural, por lo que abordaré una hipotética respuesta a la pregunta partiendo de la premisa lévi-straussiana según la cual tanto la prohibición del incesto como la de beber el vino propio o, en este caso, la de comer el cuerpo de un ser querido (la costumbre que se convierte en aversión velada) son *elementos* de un mismo *modelo*. Es decir, no tienen por qué ser excluyentes ni derivar una de la otra, pero sí que remitirían a una especificidad que debería generar estructuras psíquicas diferentes. En este sentido, si tomásemos a Antígona, en lugar de Edipo, «como punto de partida», ¿se podría hablar de un «complejo de Antígona» distinto al «complejo de Edipo»?

El mito de Edipo, según la tragedia de Sófocles, permite, al menos, dos lecturas. Por un lado, está la lectura freudiana, quizá la menos obvia: Edipo realizaría el deseo inconsciente de matar al padre y de acostarse con la madre, lo que el oráculo de Delfos había profetizado a su progenitor, Layo. Por otro, está la lectura hegeliano-foucaultiana, según la cual Edipo encarnaría el choque entre dos regímenes jurídicos distintos, dos órdenes de saber-poder en conflicto cuya resolución constituiría la esencia de toda tragedia, y no solo la de Edipo. Ambas lecturas convergen en el mito de Antígona, y son las pistas que voy a seguir para tratar de entrever hasta qué punto la posición de Edipo en el psicoanálisis puede ser ocupada o intercambiada por Antígona.

Desde la perspectiva freudiana, el mito de Edipo está en la base del «complejo» a partir del cual los seres humanos se posicionan como sujetos de deseo *sujetados* al lenguaje, al sexo y a una muerte inexorable, y cuyo acceso está mediado por el «complejo de castración». Aunque, en realidad, para el devenir de un análisis, el complejo de Edipo «es algo estrictamente inservible, salvo porque recuerda de forma grosera el valor de obstáculo de la madre para toda investidura de un objeto como causa del deseo» (Lacan, 1969-1970, p. 104). No obstante, la función del padre en este complejo de castración que *da sentido* al complejo de Edipo no podría simplemente referirse a la amenaza: «Te la cortaré si sigues con eso» (ibíd.) —donde por «eso» no hay que entender tanto el deseo incestuoso hacia la madre como el autoerotismo, al que, por otra parte, estaríamos abocados sin remedio ni paliativos por medio de la castración—. Si el complejo de Edipo simplemente se refiriese a la posibilidad fáctica de emasculación, el «complejo de Electra» postulado por Jung tendría sentido, pero no lo tiene porque el verbo se hace carne (y la carne, verbo) independientemente del sexo de ese pedazo de carne.

Butler se lamenta de que Antígona use el lenguaje universal y varonil del poder, pero no dice en qué «otro» lenguaje podrían ser oídas sus demandas, porque no lo hay. No hay metalenguaje ni ideolectos ni una batería de juegos lingüísticos disponibles para usar políticamente, como si la política describiera el conjunto de todos los juegos de lenguaje posibles en su campo. No hace falta ninguna pericia verbal para hacer política, sino simple y llanamente estar abocados al lenguaje y a la demanda que contiene, además de *familiarizarse con las reglas* a medida que se juega.

La secuencia cronológica que describe Freud es una especie de *Bildungsroman* edípico: complejo de Edipo – complejo de castración – superyó – periodo de latencia (1924, pp. 177-188). En el complejo de Edipo, el padre es tomado como el primer intruso que apartaría a la criatura del «objeto materno». Parece razonable el deseo de hacer desaparecer a ese ser extraño. No tanto porque aparta por momentos a la criatura del objeto materno, sino porque su intrusión acaba de hacer aparecer la «relación de objeto» *para siempre*. De aquel goce materno, apercibido porque falta, solo va a quedar un resto, un «objeto pequeño», que Lacan llama «a». Inevitable no toparse con él a cada rato sin hallarlo.

El complejo de castración hace referencia a esa intrusión; mejor dicho, al efecto de esa intrusión en el cuerpo de un perverso polimorfo que revisita con *cierta magnitud* y frecuencia algunas zonas erógenas que ya ha podido seleccionar. Se llama «amenaza de castración» a la reacción de *todo* perverso polimorfo al sentir en peligro el placer que le reportan las zonas erógenas recién conquistadas. En el «niñito» se manifiesta en el miedo a perder el pene, en la «niñita» en el horror de haberlo perdido (ibíd., p. 184). Pero ¿por qué una «niñita» va a sentir semejante *cosa*? *No tiene* motivos aparentes. Y, al revés, el «superyó» —el intruso castrador que se convierte en alguien tan familiar como la conciencia moral con tal de que la pérdida de goce no sea total— *no tiene* motivos aparentes para hacer acto de presencia en «la chiquilla» [«E Paîz»], al menos, no del mismo modo que en su opuesto, «el general» [«stratigón»].

El «yo», movido por el complejo de castración, es el encargado de *sepultar* en el «periodo de latencia» al complejo de Edipo. Para ello tiene que recurrir a unas medidas de fuerza *mucho mayores que la represión*: la «destrucción» (ibíd., p. 185) del complejo de Edipo. El superyó, vástago de ese sepultamiento, será el encargado en adelante de mantener al complejo de Edipo en un periodo de latencia *sine die*. No quiere saber ni que Edipo existió una sola vez, tan impregnado está de la *doble muerte*. «Cabe suponer que hemos tropezado aquí con la frontera, nunca muy tajante, entre lo normal y lo patológico» (ibíd.). Freud se refiere a la frontera entre la neurosis (lo normal) y la psicosis (lo patológico), ya que el superyó es la flor de la neurosis que crece en el jardín de la psicosis. Si no logra sepultar debidamente al complejo de Edipo, «este subsistirá inconsciente en el ello y más tarde exteriorizará

61

su efecto patógeno» (ibíd.); lo que viene siendo una neurosis. Solo si el superyó cumple debidamente su función *más que represora*, manteniendo a raya al complejo de Edipo, evitará su efecto patógeno. Sin embargo, no querer saber nada en absoluto de «esa cosa extraña, *unglauben*» (Lacan, 1969-1070, p. 67), destruir, cancelar o «forcluir» cualquier afecto o pensamiento que remita a la castración es lo que se llama «psicosis» en psicoanálisis. Es decir, un buen neurótico con el superyó debidamente hipertrofiado y que sepulta para siempre al complejo de Edipo es, al mismo tiempo, un caso ejemplar de psicosis, ya que ha hecho *algo más que reprimir*. Si solo reprime, no hace bien su función, luego neurosis; si hace algo más que reprimir, realiza bien su función, aunque psicosis.

Pero ¿qué pasa en una chiquilla como Antígona, en la que, por el empeño en sus actos, se diría que el complejo de castración no ha surtido efecto y para la que el superyó no deja nunca de ser un intruso? Una respuesta posible sería la siguiente: en Antígona, el complejo de Edipo está *a cielo abierto*; no tiene motivos para sepultarlo, al menos, no para tener que recurrir a unas fuerzas mayores que la represión. Pero, paradójicamente, *a cielo abierto* es como está el inconsciente en la psicosis (Soler, 2004), lo que quizá explicaría la «ferocidad psicótica» (Lacan, 1969-1970, p. 65; Cimatti, 2015) que mueve a Antígona en su acción. Sea como sea, parece imposible distinguir el sepultamiento del complejo de Edipo de su inoperancia, si no es por sus efectos. Por otra parte, si el superyó es el valedor de la conciencia moral, entonces, en el caso de Antígona, «el nivel de lo éticamente normal es otro» (Freud, 1925, p. 276). Su demanda no está dirigida a un resto del goce perdido, *objeto pequeño a*, porque no hubo pérdida, o fue una pérdida no-toda, sino hacia la causa de la pérdida: lo que Lacan llama «el falo»: «El significante que no tiene significado, aquel cuyo soporte es, en el hombre, el goce fálico. [...] El goce del idiota» (Lacan, 1972-1973, pp. 98-99). La pregunta detrás de la acción de Antígona no es «*Was Will das Weib?*» ni ¿qué es ser un padre?, sino: ¿quién manda aquí? Antígona *es* el falo que *ha-*

brá tenido Edipo, *si lo hubiese tenido*, pero su *ser* el falo consiste en sos*tener* el falo.

Judith Butler propone el concepto de «falo lesbiano» (1993, pp. 87-134) para criticar el dualismo lacaniano según el cual, el hombre tiene el falo y la mujer es el falo (para el hombre), es decir, el ser (soy Fulano o Mengano) y el tener (tengo esto o lo otro) como las dos modalidades posibles de goce fálico. El falo lesbiano vendría a trabar ese dualismo al plantear que algunas mujeres, las lesbianas, se entiende, también podrían tener y no ser el falo, tal y como lo tiene y no lo es el varón.[22] Lacan suscribiría la crítica, al menos, cuando afirma que «heterosexual» significa estar prometido a las mujeres, independientemente del sexo asignado al sujeto, por una relación que no hay (cfr. Lacan, 1972, p. 491). Parece más esclarecedor abordar la cuestión al revés, por detrás de la parrilla sexo-género, es decir, por el goce. Según Lacan, solo hay goce fálico, no hay otro, aunque el «no» permite al mismo tiempo entrever lo que niega: «hay otro». Porque el ser humano *tiene* sueños, deseos o lapsus, no *es* las migrañas, la erupción cutánea o la ciática persistente que de vez en cuando tiene. Porque tiene una esencia dividida, que no *es* más que en la modalidad del *tener*, que es *extraña* a sí misma por el efecto del lenguaje en el cuerpo, solo hay goce fálico, es decir, «el orgasmo no pertenece al cuerpo que "se corre"» (Preciado, 2011, p. 107). La expresión castellana «me corro» y la inglesa «I'm coming» señalan que siempre opera un *desplazamiento* en el momento en el cual *el sujeto se supone [a sí mismo] saber* que la relación sexual se va a dar. «No hay relación sexual», en el mejor de los casos, hay una bella catacresis erótica.

En el destierro de Edipo, al final de sus días, Antígona es el *soporte* y la vista de su desvalido padre. Un *cuidado* que consiste en ocupar el lugar de la falta paterna, y que, por un lado, *encarna la verdad* del saber edípico: si el ser humano es ese animal

---

[22] Para un análisis crítico del concepto butleriano de «falo lesbiano», ver Sonia Arribas, «Comentarios a los conceptos de "falo lesbiano" (Butler) y "dildo" (Preciado)», en Vilma Coccoz (coord.), *El deseo trans*, RBA, Barcelona, 2022, pp. 118-134.

que camina con tres patas, habiendo caminado primero con cuatro y después con dos, según la solución del enigma de la Esfinge, ella es *la tercera pata* de su padre; al menos existe uno, Edipo, para quien la solución del enigma tiene valor de verdad (cfr. Lacan, 1969-1970, p. 128). Por otro, se deja ver como el lazarillo de alguien cuya estirpe se caracteriza por caminar mal y que ha sido *cegado por el saber*.

Antes que Freud, Hegel ya había notado que «el nivel de lo éticamente normal es otro» en Antígona, y esa diferencia es la que inspira el capítulo «Sittlichkeit» («eticidad», «vida ética» u «orden ético») de la *Fenomenología del Espíritu*. Como ya se ha dicho (2.1), el sentimiento ético aparece cuando la conciencia, en su unidad, debe adscribirse a una ley o a otra, es decir, cuando recae en la «conciencia», y no en la «naturaleza», determinar cuál debe ser la ley valedera: la legal, aunque sea ilegítima, o la ilegal, pero legítima. Para Hegel, esto es, justamente, lo trágico de toda tragedia, aunque en la *Antígona* de Sófocles se deja ver como en ninguna otra, de ahí que le dedique el capítulo «Sittlichkeit» a *Antígona* y no a *Edipo rey*, por ejemplo. Si para Aristóteles lo esencial de la tragedia es la catarsis, para Hegel, en cambio, lo es el conflicto de la unidad de la conciencia ante la dualidad de la ley. En *Antígona*, este conflicto se da entre las leyes escritas, humanas, celestiales y diurnas, por un lado, y las leyes no escritas, divinas, de la tierra y de la noche, por otro. En *Edipo rey*, la acción de la tragedia gira en torno a dos regímenes de saber-poder —que fundan dos órdenes jurídicos distintos— en conflicto.

Esta es la lectura que hizo Michel Foucault en una serie de conferencias pronunciadas en Río de Janeiro, y recogidas en el libro *La verdad y las formas jurídicas* (1978). Para Foucault, y a diferencia de Freud, el núcleo del mito de Edipo no sería el deseo criminal e incestuoso, sino el deseo de saber incitado por un tipo de poder: el saber-poder edípico contra un saber-poder mítico. Para el saber-poder edípico la verdad está en los hechos; para el saber-poder mítico la verdad está en el cuerpo. Foucault sitúa en Edipo no solo un cambio de régimen político, sino, también, un cambio de paradigma epistémico que se inaugura míticamente en la solución del enigma de la Esfinge. Míticamente, porque la solución del enigma que convierte a Edipo en rey y en esposo de su madre Yocasta no da cuenta del nuevo paradigma epistémico que introduce, y que establece el interrogatorio como vía de acceso a la verdad: hay que interrogar a los hechos para descubrir la verdad. Por el contrario, el saber-poder mítico que el rey Edipo destituye accede a la verdad a través del cuerpo, y tiene en la institución de la ordalía, a la que volveremos en seguida (3.1), la «forma jurídica» predilecta de acceso a la verdad.

Desde esta perspectiva, la tragedia de Edipo es que su deseo de saber lo lleva a encontrarse a sí mismo en el lugar de la verdad. Edipo desoye los consejos de Tiresias —el adivino ciego que representa el saber-poder mítico— de no obstinarse en perseguir la verdad, y sus pesquisas e interrogatorios para dar con el asesino de Layo concluyen en su persona: él es quien mató a Layo. Esta es la verdad. Pero hay un desplazamiento en la verdad en el momento de aferrarla. Asesino ya se sabía. No se le escapaba que había matado a un hombre en un cruce de caminos. Edipo no descubre quién es el asesino de Layo, que era lo que se había propuesto encontrar, sino que se descubre a sí mismo como un incestuoso parricida. Esta es la Cosa, y el motivo por el cual se arranca los ojos. La tragedia de Antígona, en cambio, es que su deseo de verdad, la preeminencia de las leyes no escritas que invoca, va a ser probado a muerte en su cuerpo: por rasgar el velo de la Cosa o porque la Cosa no tiene velo *para ella*.

3. Antígona y lo siniestro

3.1 Sobre algunos temas en *Antígona*

La capa de polvo con la que Antígona cubre el cadáver de su hermano, amado y odiado a la vez, sirve para ocultar el horror que el cuerpo en descomposición —el cuerpo como «alimento natural»— provoca a la vista, transformándolo en un placer velado (lo sublime). La intransigencia y la obstinación de Antígona en dar sepultura a su hermano, amado y odiado a la vez, rasga el velo que cubre la acción trágica *con cierta magnitud* (lo bello) y deja al descubierto el horror de la Cosa.

Sin pretender dar una interpretación exhaustiva ni definitiva, y siendo consciente de la dificultad que conlleva leer las traducciones de un texto alrededor de dos mil quinientos años después de su escritura en una lengua ya muerta, en este apartado me voy a remitir tan solo a algunos temas y pasajes de *Antígona*, que son probablemente los que más comentarios han suscitado: el diálogo entre Antígona e Ismene del prólogo (vv. 1-99); la ordalía que anuncia el canto del Coro a través de tres referencias mitológicas (vv. 944-987); la cuestión de la «doble muerte», que sobrevuela toda la obra; y el argumento con el que Antígona justifica su acto una vez condenada (vv. 909-915).

El diálogo inicial

George Steiner afirma de forma taxativa: «Todos los elementos de desafío a la comprensión están despiadadamente en el primer verso de *Antígona* [ὦ κοινὸν αὐτάδελφον Ἰσμήνης κάρα]» (Steiner,

1987, p. 162). Hölderlin lo tradujo como: «Oh común cabeza de Ismene (o "compartida cabeza de mi hermana")» (ibíd., p. 163); en cambio, la traducción de Assela Alamillo opta por: «Oh Ismene, mi propia hermana, de mi misma sangre». La traducción de Hölderlin es problemática, ya que el término «kára» «implica cariño y respeto» (Conti, 2022, p. 54), y no parece evidente que estos sentimientos deban adquirir la forma de una «cabeza». Para Goethe y Schiller, la traducción de *Antígona* era síntoma del colapso mental de Hölderlin. Solo posteriormente, a inicios del siglo XX, llegó a ser reconocida y admirada, por su lenguaje poético, su sintaxis paratáctica y su estilo fragmentario, como la precursora de la poesía modernista de Mallarmé (cfr. Steiner, 1987, pp. 58-59).

«Koinón» significa en griego clásico lo mismo que «común» en el castellano actual, como cuando se usa para decir, por ejemplo, «una lengua común»; pero tiene también el significado de «parentesco», de ahí que Alamillo traduzca el término por «de mi misma sangre». Si eludimos la crítica despiadada, aunque argumentada, de Goethe y Schiller y tomamos en serio la traducción de Hölderlin, una «común cabeza» («koinón kára») puede leerse como la inversión de uno de los ejemplos de metonimia más usado: «Tanto por cabeza». Por el contrario, Antígona parece estar diciendo que hay «una cabeza para tantas», que son dos, ella y su hermana. La mitología está tan poblada de holobiontes como los holobiontes de mitología.

En el prólogo hay una especie de danza agonista entre Antígona e Ismene y el uso que hacen tanto de los duales (ni singulares ni plurales; el dual es un número presente en algunas lenguas indoeuropeas, pero inexistente en castellano) como de la primera persona. Antígona es conocedora del edicto de Creonte que prohíbe el entierro de Polinices y entra en escena *tramando* desobedecerlo, en el doble sentido del verbo «tramar»: establecer vínculos materiales y conspirar (cfr. Gutiérrez, 2020). Ella, en singular, está decidida a enterrar el cadáver, y quiere hacerlo con Ismene, que también es hermana del difunto y la única de la estirpe edípica que queda viva además de Antígona. El uso de los duales en el diálogo sirve para indicar que ambas forman un único sujeto gramatical en el que se va a *encarnar el verbo* que describe la acción de «sepultar». El uso de la primera persona del singular, en cambio, sirve para negar la existencia de un sujeto dual formado por las dos hermanas. Ante la determinación de Antígona, Ismene se debate, hegelianamente, entre la fidelidad a su hermana y a su sangre y la fidelidad a las leyes de la *polis*; entre los *enredos* de Antígona y los *lazos* sociales, por los que se acabará decantando, no sin sentirse *dividida*.

Para Goethe, el uso del dual por parte de Antígona remite a una «sororidad de almas» (cfr. Steiner, 1987, p. 163), aunque la referencia explícita de Antígona a la fatalidad familiar: «¿Acaso sabes cuál de las desdichas que nos vienen de Edipo va a dejar de cumplir Zeus en nosotras mientras aún estemos vivas?» (vv. 2-6) apunta también a la pertenencia a una misma matriz: si Antígona e Ismene tienen una «común cabeza», Polinices y Eteocles se dan una «común muerte» («koinoy thanatoy», v. 147). En cualquier caso, y a pesar de la rica lectura de Judith Butler, Antígona «desestabiliza» antes el número que el género, ya que la primera dualidad que intenta desplazar es la de individuo-sociedad (para una referencia a los roles de género hay que esperar a los versos 61-64). Con el uso del dual, parece estar exigiendo un nuevo sujeto político para la acción que está por realizar. Antígona no vuelve a usar el dual en el resto de la tragedia; sin embargo, la ambivalencia de su acción, entre el gesto político que apunta al nosotros más precario y el cumplimiento de la fatalidad familiar que recorre la obra, ya está contenida en los versos iniciales.

La primera referencia a Creonte está en el verso 8. Para Antígona es el «general» [«stratigón»]. Según la nota a pie de página de Alamillo, la palabra «señala una de las más importantes actividades del jefe de Estado, la de general del ejército. Por otra parte, en poesía se utiliza, a veces, el término "stratós" significando "demos"» (Alamillo, 1982, p. 137, nota 1.). El hecho de que Antígona no se refiera a él como rey [«týrannos»] indica que no reconoce las funciones de jefe de Estado que la muerte de Eteocles le otorga, sino que, más bien, representa para ella un «enemigo» (v. 11). Ismene, en cambio, sí que reconoce a Creonte y las leyes que representa, y trata de disuadir a su hermana de la realización del acto de desobediencia que trama:

ISMENE: No es conveniente perseguir desde el principio lo imposible. ANTÍGONA: Si así hablas, serás aborrecida por mí y te harás odiosa con razón para el que está muerto (vv. 93-94).

Para Ismene, lo que persigue su hermana es imposible. Para Antígona, en cambio, «imposible» es solo una palabra que «te habré aborrecido si la usas», pues niega la viabilidad de la acción. Este estrecho vínculo entre el lenguaje y la acción política, entre lo que se dice y lo que se hace, que, sin llegar nunca a coincidir, no se pueden separar, está contenido en la admonición que lanza Antígona a Ismene, después de que la hermana le sugiera silenciar el propósito de enterrar el cadáver del hermano: «¡Ah, grítalo! Mucho más odiosa me serás si callas, si no lo pregonas ante todos» (vv. 86-87).

La ordalía

Lacan reconoce que «fue precisamente para atraer la atención de mi amigo Claude Lévi-Strauss sobre las dificultades de este pasaje lo que me llevó a interesarme recientemente en Antígona» (1959-1960, p. 347). El pasaje al que se refiere son las tres referencias mitológicas del canto del Coro (vv. 944-987), cuya dificultad de comprensión es unánime. Aunque advierte de que no se ufana de poder resolverla, avanza una interpretación bastante genérica: «En todos los casos se trata de la relación de los mortales con los dioses» (ibíd.).

Para ofrecer una interpretación plausible y algo más precisa que la de Lacan, que es acertada, aunque sin llegar a ufanarme de haberla resuelto, me voy a retrotraer al verso del prólogo en el que Antígona anuncia a Ismene la pena que sufrirá quien incumpla el edicto de Creonte (según el cual nadie debe llorar al muerto ni dar sepultura a su cuerpo, sino que, extramuros, debe ser pasto para las bestias): «Está prescrito que quien haga algo de esto reciba muerte por lapidación pública en la ciudad» (vv. 36-37). Sin embargo, en los versos 773-781 sabemos por boca de Creonte que la pena será otra: «La llevaré allí donde la huella de los hombres está ausente y la ocultaré viva en una pétrea caverna, ofreciéndole el alimento justo, para que sirva de expiación sin que la ciudad entera quede contaminada». O bien es un error del poeta, o bien se trata de una sustitución que pertenece a la trama. Assela Alamillo, en una nota a pie de página, la justifica del siguiente modo: «Evitar la violencia física y hacer que la muerte tuviera el aspecto de algo natural y no obra de un hombre» (1982, nota 39, p. 166). La explicación es convincente, pero insuficiente. ¿Por qué hacer que la muerte de Antígona parezca «algo natural» si Creonte representa las «leyes humanas», que son «obra de un hombre»?

El «descarrío» de Creonte se identifica con lo que coloquialmente se conoce como «perder los papeles»; en concreto, aquellos donde las leyes humanas están escritas. Si la muerte ha de parecer «natural» es porque Creonte reconoce la falta de fundamento de su poder, la «an-arkhé» de las leyes humanas que representa. La decisión política que toma consiste en no tomar ninguna en absoluto y dejar que sean los dioses quienes juzguen a Antígona según las leyes divinas. Por tanto, Creonte no la condena a muerte en vida encerrada en una cueva, sino que la somete al juicio de los dioses: «Así, si suplica a Hades —único de los dioses a quien venera—, alcanzará el no morir, o se dará cuenta, por lo menos en ese momento, que es trabajo inútil ser respetuoso con los asuntos del Hades» (vv. 778-780). De este modo, Creonte deja en manos de los dioses del subsuelo la decisión sobre la vida o la muerte de Antígona.

«Juicio de dios» o «juicio originario» es el significado etimológico de «ordalía»; «vocablo que «proviene del longobardo "ordail" y del sajón "ordâl" (alemán: "ur-theil")» (Mazzeo, 2023, p. 68). En la actualidad, solo quedan vestigios de la ordalía en su forma folclórica (las fiestas populares donde aún se camina descalzo por encima de las ascuas) y policial (las torturas en los interrogato-

71

rios de las comisarías de policía), pero en la Grecia de Antígona y de Creonte era una prueba habitual para saber la verdad. Se puede ver un ejemplo en el primer diálogo entre el Guardián (miembro de la guardia que custodia el cadáver) y Creonte: «Estábamos dispuestos a levantar metales al rojo vivo con las manos, a saltar a través del fuego y a jurar por los dioses no haberlo hecho, ni conocer al que había tramado la acción ni al que la había llevado a la práctica» (vv. 264-267). Es decir, el guardián y sus compañeros de guardia estaban dispuestos a someterse a una ordalía de fuego para demostrar su inocencia respecto al hallazgo del cuerpo de Polinices cubierto por una capa de polvo. Una acción que estaba penada en ese momento de la trama de la tragedia con la lapidación pública.

Sin embargo, en la Grecia antigua el elemento ordálico por excelencia no era el fuego, sino el agua. Por ejemplo, realizar con éxito una travesía marítima era el equivalente de un veredicto positivo en una prueba ordálica, en cambio, «el naufragio castiga a los hombres sin dios, como Protágoras» (ibíd., p. 69). Mucho más rara aún es la ordalía de tierra a la que Creonte somete a Antígona. Una rareza que se explica seguramente porque se desconocen los casos en los que se ha salido ileso de una prueba ordálica de este tipo «terrestre», y que consiste en *enterrar a los vivos*. Las tres referencias mitológicas del canto del Coro (vv. 944-987) son, precisamente, referencias al fin funesto de las ordalías terrestres, y el sentido de su inclusión en la tragedia solo se explica para anunciar el inminente suicidio de Antígona y preparar al espectador para el desenlace.

La primera referencia mitológica del Coro es a Dánae, quien también «soportó renunciar a la luz del cielo a cambio de broncínea prisión y, oculta en la sepulcral morada, se vio uncida al yugo» (vv. 944-947). Dánae era hija de Acrisio, rey de Argos. Según una profecía, el hijo que naciera de Dánae mataría a Acrisio, por lo que este la encerró de por vida en una cámara subterránea de bronce. Pero la precaución del rey no fue suficiente y Zeus fecundó a Dánae transformándose en una lluvia de oro, accediendo de este modo a la cueva donde Dánae se hallaba presa. Sin embargo, la intercesión del dios no supuso la ocasión para que Dánae pudiera escapar a «lo dispuesto por el destino» (v. 951).

La segunda referencia del Coro es a la ordalía terrestre que sufrió Licurgo, rey de los edonios de Tracia. Este, por sus injurias y su lengua procaz, fue «encerrado en una pétrea prisión» (v. 958). Licurgo se oponía al culto de Dioniso en Tracia y fue enloquecido por el dios. En este estado de enajenación mató a su hijo Dryas, confundiéndolo con una vid, la planta consagrada a Dioniso. Por mandato de un oráculo, los edonios lo encerraron en una gruta en el monte Pangeo.

La tercera y última referencia mitológica en este canto del Coro constituye la ordalía terrestre más extraña de las tres, pero el elemento mineral y la oscuridad que se le asocia siguen estando presentes. Fineo, rey de Salmideso, se casó con Cleopatra, hija de Bóreas, dios del viento, y tuvieron dos hijos, Plexipo y Pandión. Al repudiar a Cleopatra y casarse en segundas nupcias con Idea o Idótea (según las versiones), esta, movida por las intrigas, sometió a los hijos de Fineo y Cleopatra a una «infortunada prueba» (v. 979). «Junto a las rocas Cianeas» (v. 967), también llamadas «Rocas sombrías» o «Simplégades» —según la leyenda, estaban situadas en el estrecho de los Dardanelos, entre el mar de Mármara y el mar Egeo—, Idea clavó a Plexipo y Pandión sendas agujas en los ojos, causándoles la ceguera. Estos, consumidos de dolor, clamaban venganza al tiempo que «se lamentaban por tener su origen en un desgraciado casamiento de su madre» (v. 979), «criada en lejanas grutas» (v. 985) y a quien su origen divino no la salvó de «las Moiras inmortales» (v. 987).

Si se toman como ejemplo las tres referencias mitológicas que Sófocles convoca en el canto del Coro citado, la ordalía terrestre a la que es sometida Antígona por Creonte es una prueba con remotas posibilidades de supervivencia. La noción de «prueba» es fundamental para entender este cambio de condena. Antígona «pone a prueba» las leyes humanas que representa Creonte invocando las leyes divinas. Creonte, en cambio, «pone a prueba» las leyes divinas que defiende Antígona invocando el «juicio de dios». La diferencia entre el «poner a prueba» de Antígona y el de

73

Creonte señala la diferencia entre los dos sentidos etimológicos de «ordalía»: «juicio de dios» y «juicio originario». «Si la ordalía se entiende como "juicio de dios" [...], se aplasta la acción ordálica sobre la dimensión mágico-religiosa. En cambio, si por ordalía se entiende "juicio originario", el eje discursivo se desplaza hacia las modalidades en las cuales el lenguaje y la praxis se entrelazan en la naturaleza humana» (ibíd. p. 68). En este sentido, el poner a prueba de Creonte es un juicio de dios, el de Antígona es un juicio originario. Sófocles deja ver la ambivalencia etimológica de la ordalía en el segundo diálogo en el que aparece el Guardián, cuando informa a Creonte de la detención de Antígona:

> Un torbellino de aire levantó del suelo un huracán —calamidad celeste— que llenó la meseta, destrozando todo el follaje de los árboles del llano, y el vasto cielo se cubrió. Con los ojos cerrados sufríamos el azote divino. Cuando cesó, un largo rato después, se pudo ver a la muchacha (vv. 417-424).

Desde el punto de vista de los guardianes, la acción de Antígona de enterrar a su hermano es indistinguible del «azote divino» que cubre de polvo todo el paisaje, de modo que Sófocles deja en suspenso la autoría del entierro.

Esta indistinción recorre toda la obra. Por ejemplo, Creonte invoca en dieciséis ocasiones a lo divino, a través de distintas representaciones; Antígona, en cambio, lo hace ocho veces. Creonte, el representante de las leyes humanas en Tebas, está doblemente preocupado por las leyes divinas de lo que lo está Antígona. Sin embargo, lo que diferencia que la capa de polvo sea depositada sobre el cadáver por Antígona o por un torbellino divino es el reconocimiento, con un acto lingüístico, de que el polvo de la tormenta no es el polvo que cae de sus manos sobre el cuerpo sin vida de su hermano, lo que «concuerda perfectamente con la prescripción de la ley según la cual el ser humano debe sepultar al ser humano».[23]

---

[23] Benardete, S., «A Reading of Sophocles' *Antígone*», II, p. 4; citado en Steiner, G., *op. cit.*, p. 175.

La doble muerte

La muerte planea la tragedia de *Antígona* desde inicio a fin, pero aparece de forma explícita en la obra, al menos, de tres maneras distintas: en la prohibición de enterrar a un muerto (Polinices), en el ritual mágico-jurídico de enterrar a una viva (Antígona) y en la posibilidad de morir dos veces (Creonte). Las tres sitúan a cada uno de los personajes *entre* dos muertes, la ¿vivida? y una segunda que no coincide con la primera, pero cada una de ellas tiene un sentido preciso.

Respecto a la prohibición de enterrar a un muerto o, simplemente, la decisión de no darle sepultura, Alenka Zupančič (cfr., 2023, pp. 37-40) señala que era una práctica habitual en la Grecia antigua, con la que se pretendía castigar doblemente a los enemigos vencidos en combate. Se puede encontrar en la *Ilíada*, en la venganza que Aquiles infringe sobre el cuerpo de Héctor, asesino de su estimado Patroclo. Después de quitarle la vida en un enfrentamiento armado, Aquiles ata los pies de Héctor a su carro para arrastrar el cadáver ante las murallas de Troya hasta desfigurarlo. No contento con este cruel castigo, decide no enterrar a Héctor ni entregarlo a los troyanos, sino que, como en el caso de Polinices, su cuerpo debe quedar expuesto al sol y ser pasto de los animales. Después de doce días, Príamo, padre de Héctor, va hasta la tienda de Aquiles y, tras sus súplicas, consigue ablandar el corazón del héroe aqueo y recuperar el cuerpo sin vida de su hijo para darle la sepultura que se merece (*Ilíada*, libro XXIV). El mismo tema se puede encontrar en *Áyax*, otra tragedia de Sófocles. El héroe, encolerizado porque la armadura de Aquiles, después de la muerte de este, ha sido entregada a Ulises y no a él, entra en un estado de enajenación que, arrebatado, le empuja a matar a todos los animales domésticos de la tropa, como si de enemigos se tratase. Cuando Áyax recobra la conciencia y percibe la matanza realizada, contra animales indefensos y no contra enemigos armados, avergonzado por su acción, se quita la vida. Como castigo por semejante holocausto, Agamenón, comandante en jefe del ejército, prohíbe la sepultura del cuerpo de Áyax. Finalmente, Teucro, hermanastro de Áyax, ayudado por la intervención de Ulises a su favor, consigue convencer a Agamenón para que le permita enterrar el cadáver. También en *Las suplicantes* de Eurípides es fundamental la cuestión de la prohibición de enterrar a los muertos. En este caso, la obra es una continuación de la historia que se cuenta en la *Antígona* de Sófocles, ya que las suplicantes que dan título a la tragedia son las madres de los soldados argivos muertos en combate en la guerra contra Tebas comandada por Polinices. Estas suplican a Creonte compasión para que les devuelva los cadáveres y, así, poder llorarlos dignamente y darles sepultura. Por lo que, según la versión de Eurípides, Creonte no solo prohibió enterrar a Polinices, sino que la prohibición también alcanzaba al resto de los soldados llegados desde Argos y caídos en combate.

Como he intentado mostrar en el apartado anterior, el ritual mágico-jurídico de enterrar a una persona viva se presenta en *Antígona* a través de la institución de la ordalía, en una modalidad poco frecuente que he denominado «terrestre». Ser enterrada viva, encerrada bajo un túmulo de por vida, sin ver nunca más la luz, no es un castigo o una pena en el sentido jurídico moderno, sino que es la «prueba» divina con menor expectativa de supervivencia, a la que Antígona es sometida por Creonte. Si los dioses del subsuelo que Antígona venera *tuviesen* el poder legislador sobre la tierra que ella invoca, entonces, *tendrían* también el poder de salvarla. Por el contrario, si no tienen el poder de salvarla, entonces, las leyes no escritas en las que se ampara no *habrán sido* adecuadas para legislar sobre la tierra. Creonte pone en manos de los dioses la decisión sobre la muerte física de Antígona, pero, al mismo tiempo, los priva del cuerpo de Polinices al no concederle una muerte simbólica mediante la sepultura, que en la Grecia antigua solía ir acompañada de libaciones y sacrificios ofrecidos a los dioses para la buena acogida del difunto en el Hades. Esto último, que la muerte simbólica esté privada a los dioses, es algo que va a atraer su enemistad, y no solo contra Creonte, sino, también, contra la *comunidad* que representa, tal y como Tiresias le advierte. La ciudad de Tebas sufre por la decisión de Creonte, infectada «por el pasto obtenido por aves y perros del desgraciado hijo de Edipo [...], los dioses ya no aceptan nuestras súplicas [...]. Así que haz una concesión al muerto y no fustigues a quien nada es ya. ¿Qué prueba de fuerza es matar de nuevo al que está muerto?» (vv. 1015-1031).

Por un lado, al dejar sin sepultura a un muerto, se da una muerte física, pero no una muerte simbólica. Por otro, al sepultar a un vivo, se da una muerte simbólica, pero no una muerte física. Polinices es un muerto sin sepultura, Antígona, en cambio, es sepultada sin haber muerto. En el espacio que se abre *entre* la muerte física, biológica, real de Polinices y la muerte simbólica de Antígona, o, al revés, *entre* la sepultura negada a Polinices una vez muerto y la sepultura impuesta a Antígona aun estando viva, en ese preciso espacio que separa las dos maneras de morir, tiene lugar la relación *entre* la muerte y la acción política. Incluso, para algunos autores, como Achille Mbembe (2011), es el campo privilegiado de la política en cuanto *necropolítica*.

Pero hay aún un tercer sentido que se le puede atribuir a la «doble muerte», que no reside en la diferencia entre la muerte física y la muerte simbólica, sino entre estas dos y una muerte *cósmica*. La antropóloga ecofeminista Deborah Bird Rose acuñó el concepto de «doble muerte» para referirse al desmoronamiento de los tejidos de la continuidad y el asesinato de generaciones en el capitaloceno (cfr., Haraway, 2019, p. 264); es decir, a la posibilidad biológica de acabar con toda forma de vida en el planeta, lo que se ha llamado «quinta extinción», que, con mayor probabilidad, no significaría la extinción de toda forma de vida en el planeta, sino que, más bien, favorecería la vida micro orgánica en detrimento de la macro orgánica (cfr. Mazzeo, 2023, p. 153). Por su parte, Lacan sitúa al personaje de Antígona, a la pasión que la mueve en la acción, a su deseo fundante y criminal, entre dos muertes: entre la generación, a la que etimológicamente se opone, y el asesinato de las generaciones, que cumpliría en su muerte, víctima inmolada o virgen sacrificial. Veamos de dónde saca Lacan esta «segunda muerte»:

El asesinato solo le arranca al individuo al que golpeamos la primera vida; sería necesario poder arrancarle la segunda, para ser todavía más útiles a la naturaleza; pues lo que ella quiere es el anonadamiento: dar a nuestros asesinatos toda la extensión que ella desea nos supera (cit. en Lacan, 1959-1060, p. 262).

Es la última frase de una larga cita de *Juliette o las prosperidades del vicio* de Sade, que Lacan —un autor que no se caracteriza por citar demasiado— trae a colación en la clase del *Seminario 7. La ética del psicoanálisis* dedicada a la «pulsión de muerte» (pp. 255-269). La cita sadiana está extraída de la exposición del «Sistema del papa Pío VI», es decir, del personaje más *superyoico* que la retorcida mente de Sade podía llegar a *imaginar*. El Sistema del papa Pío VI presenta una apología del crimen como algo «natural» y «necesario» para el ciclo de la vida y de la muerte. En parte, no le falta razón al papa Pío: sin cierta dosis de destrucción, ni que sea la de los jugos gástricos en la digestión de seitán, no habría vida. Por tanto, viene a decir el papa Pío, el «crimen perfecto», aquel que acabaría con la *compulsión a la repetición* de destrucción, es matar «la vida», matar al ciclo de la vida y de la muerte, de la generación y de la corrupción, de la creación y de la destrucción; es decir, acabar con la finitud.

La intervención de Lacan en la clase del seminario que dedicó a la «pulsión de muerte» atraviesa una definición doble del concepto. Por un lado, la pulsión de muerte es el reverso de toda pulsión; esta alberga en sí la potencia de destrucción de su objeto, pero, también, al mismo tiempo, la posibilidad de recomienzo (cfr. ibíd., p. 263). Lacan llama «pulsión de destrucción» a este sentido de la «pulsión de muerte». Por otro, parece como si la pulsión de muerte pudiera tenerse a sí misma como *destino de la pulsión*: que ya no haya más destrucción ni posibilidad de recomienzo; la vuelta a lo inanimado con la que Freud se refiere a la pulsión de muerte en *Más allá del principio del placer* (1920). Llamo «pulsión de doble muerte» a la pulsión de muerte en este último sentido.

La conclusión de la lectura de Lacan sitúa a Antígona en el lugar de la Cosa: el cumplimiento de la fatalidad familiar (Atè) en su cuerpo, «el asesinato de generaciones» en su muerte única e irrepetible. Esta sería la pasión que la mueve en su acción, fruto de un «deseo puro»: que muera toda la estirpe edípica en mi muerte. Pulsión de doble muerte. Pero *toda* la estirpe edípica es *no todo* el ciclo de la vida y de la muerte, sino tan solo *una* familia, aunque sirva como modelo *para todas* las familias. Antígona inventa una salida a la *Atè* convirtiendo, con una fina capa de polvo, lo familiar en lo extraño, lo universal del *para todos* en lo común *individuable* que no cesa de no escribirse porque no hay sujeto del enunciado ni de la enunciación. Es en ese preciso lugar que Lacan señala, el del encuentro con la fatalidad familiar, fundante y criminal, incestuosa y pública, donde la producción y la reproducción social aparecen plenamente en su condición histórica y contingente.

El papa Pío VI es la imagen de un superyó desbocado a quien no le basta con la *destrucción* del complejo de Edipo. Es preciso destruir también a lo que este sirve, «para ser todavía más útiles a la naturaleza». Naturalizar la historia, hacer pasar por metahistórico, del lado de la eternidad de los dioses, un asesinato que tiene lugar en el curso de la historia, como hace Creonte recurriendo a la ordalía para acabar con la vida de Antígona, es de lo que Marx acusaba a los economistas clásicos en su presentación *científica* del capitalismo, haciendo pasar por natural lo que es una organización social histórica y, hace falta decirlo, abominable.

Si Lacan propone leer a *Kant con Sade* (1963), en la misma época en la que impartió el *Seminario 7*, es para poner en evidencia la relación entre el superyó, como valedor de la conciencia moral, y la pulsión de muerte, en cuanto «sublimación creacionista» (Lacan, 1998, p. 264). Es decir, la pulsión de muerte es ambivalente: por un lado, puede ser creación *ex nihilo*; por otro, voluntad de nada o de anonadamiento (cfr. ibíd., pp. 264-265). Sin embargo, la pulsión de muerte no puede tenerse a sí misma como objeto sin caer en el regreso al infinito; después de la segunda muerte vendría una tercera y, así, sucesivamente. No hay metalenguaje para la pulsión de muerte, ni tiene otro objeto patológico [patologische Objekt] que no sea el dolor (Kant) o el sufrimiento (Sade). Esta huella dolorosa o sufriente del objeto patológico es lo que hace que la relación entre la sublimación psicoanalítica y lo sublime kantiano no sea «simplemente homonímica». El mismo objeto, la tierra, sirve para dos fines distintos: establecer una nueva unidad de medida entre la vida y la muerte, entre lo humano y lo no humano, como hace Antígona, y enterrar la vida, con su esplendor hiriente, como hace Creonte.

El argumento «siniestro»

Este es el argumento con el que Antígona justifica la acción de enterrar a Polinices:

> Pues nunca, ni aunque hubiera sido madre de hijos, ni aunque mi esposo muerto se estuviera corrompiendo, hubiera tomado sobre mí esta tarea en contra de la voluntad de los ciudadanos.
> ¿En virtud de qué principio hablo así? Si un esposo se muere, otro podría tener, y un hijo de otro hombre si hubiera perdido uno, pero cuando el padre y la madre están ocultos en el Hades no podría jamás nacer un hermano (vv. 905-913).

El argumento es siniestro o, al menos, inquietante, «escandaloso» (Zupančič, 2023, p. 79), por el *extrañamiento* que provoca una concatenación lógica de proposiciones que llevan a una conclusión verdadera (sin padre y sin madre no te puede nacer un hermano), pero cuyo contenido proposicional pretende demostrar que la pérdida de un hermano es más grave que la de un hijo o un marido. Es decir, la justificación de su acción tiene una forma lógica irrefutable, pero un contenido proposicional irrisorio. ¿Por qué ir «en contra de la voluntad de los ciudadanos» por la pérdida de un hermano y no por la de un hijo o un marido? ¿Qué supone para las leyes del parentesco la muerte de un hermano que no suponga la de un hijo o un marido? ¿Qué hay en el proceso de individuación de un sujeto huérfano que pierde a un hermano, como Antígona, que no lo haya por la pérdida de un hijo o un marido? ¿A qué ley obedece la obstinación de Antígona?

Conviene situar el argumento de Antígona en el desarrollo de la tragedia para tratar de entender algo de lo que afirma. La intervención de la heroína forma parte del «kommos», el clímax de toda tragedia, a partir del cual se desencadena el desenlace trágico y la catarsis. El *kommos* es el reconocimiento por parte del héroe trágico de que ha errado, de que aquello que pensaba y defendía, pudiera no ser cierto, de que su acción, que creía justa, pudiera ser injusta. Normalmente, solía aclamarse en forma de canto acompañado por el coro; siempre con la intención de provocar el temor [fobos] y la compasión [éleos] en el espectador. Unos versos antes del *kommos* declamado por Antígona, Creonte ordena a los guardianes que ejecuten la pena que le ha impuesto: «Llevadla cuanto antes y, tras encerrarla en el abovedado túmulo —como yo tengo ordenado—, dejadla sola, bien para que muera, bien para que quede enterrada viva en semejante morada» (vv.885-888). El sentido poético del argumento «siniestro» es mover a la compasión el temor por la vida de Antígona, pero este movimiento queda interrumpido por las últimas palabras de su intervención, antes de que los guardias la apresen y se dispongan a llevarla a una muerte en vida: «Pues bien, si esto es lo que está bien entre los dioses, después de *sufrir*, reconoceré que estoy equivocada. Pero si son estos los que están errados, ¡que *no* padezcan sufrimientos peores que los que ellos me infligen injustamente a mí» (vv. 925-929; la cursiva es mía). La ambivalencia del «no», que, al mismo tiempo, niega y presenta positivamente la proposición con forma de juramento de Antígona —como cuando los lacanianos *juran* que «no *hay otro goce*»— es lo que hace afirmar a Lacan, acertadamente, que no hay temor ni compasión en el personaje. Por tanto, se podría decir que *Antígona* no es, en sentido aristotélico, una tragedia.

Según Alenka Zupančič, lo que está en juego en el argumento no es simplemente la defensa de una humanidad *universal* que obligaría a enterrar incluso a los peores criminales, pues Antígona manifiesta que no hubiera ido tan lejos por la muerte de un

81

hijo o la de un marido como lo ha hecho por la muerte de su hermano, sino que, más bien, con la defensa de su acto «es casi como si estuviera tratando de cubrir un agujero en la estructura del parentesco o como si ese agujero *particular* en la estructura del parentesco fuera especialmente insoportable» (2023, p. 79; cursiva en el original). Ciertamente, la defensa de la universalidad del argumento cae por su propio peso al no ser aplicable a un hijo o un marido, pero tampoco es un argumento particular, ya que lo «insoportable» para Antígona no es que su hermano, amado y odiado a la vez, haya muerto, sino que, como sugiere Zupančič, lo insoportable es, más bien, que, siendo huérfana como es, no haya posibilidad de tapar el agujero abierto en la estructura del parentesco tras la muerte de su hermano. Dicho de otro modo: lo insoportable para Antígona no es que la particularidad del nombre propio «Polinices» se quede sin una sepultura de carácter universal, sino que el nombre común «hermano» pierda definitivamente una forma de actualizarse en la posición simbólica y de parentesco que se le asigna. Lo que se ha perdido para siempre con la muerte de Polinices no es simplemente la forma histórica del parentesco encarnada en un *familiar*, sino, también, la condición de posibilidad del parentesco.

En cualquier caso, no solo Antígona, sino que la mayoría de los comentadores se olvidan de Ismene, que sobrevive a toda la estirpe edípica y ocupa precisamente el agujero simbólico que parece abrirse en la estructura del parentesco con la muerte de Polinices. Quién sabe si el olvido *de* Ismene no juega a su favor y la rescata de la rueda de la maldición familiar. Pero esto sería otra historia.

Glosa. Amistades peligrosas: el pirata, el partisano y las Madres de Plaza de Mayo

Antígona reconoce en el *kommos* haber actuado «en contra de la voluntad de los ciudadanos», por lo que su acción no solo estaría en contra de la generación o de la procreación, como señala eti-mológicamente su nombre, sino que, también, sería una acción «anticiudadana». En este sentido, la ambivalencia de la acción de Antígona es el reverso de la de Creonte, ya que ambos perso-najes desarrollan su acción en un espacio liminar, o «estado de excepción», en el que las leyes no operan o, al menos, parecen no estar afectados subjetivamente por el deber trascendente en el que se fundamenta la legalidad en curso. Ya sea porque Creonte, como soberano, está por encima de la ley, siendo su garante, o sea porque Antígona, como figura de la desobediencia civil, se adhiere a un orden legal distinto al que gobierna en la comuni-dad que representa Creonte, ambos personajes, de algún modo, son *inmunes* a la ley tebana: la tragedia de cada uno es que lo sean *por mucho tiempo*.

La ambivalencia de Antígona, lo que me lleva a considerarla una figura de lo que trataré de definir como una «política sinies-tra» (3.3, Glosa), reside tanto en transitar por el espacio de la dominación, que «fuera de la ley» está en su «hábitat natural», como por el de la exclusión, que queda fuera de la ley por una decisión soberana. En la ambivalencia de Antígona, en su ser in-mune a la ley o en su posición no-toda respecto a una legislación de carácter universal (Lacan), así como en su estar por fuera de la representatividad política (Butler), hay la posibilidad de una deriva fascista o reaccionaria, así como de una deriva revolucio-naria o subversiva. Es decir, la inmunidad puede ser, al mismo tiempo, instrumento de dominación y condición de posibilidad de una nueva legalidad. En el primer caso, la inmunidad es total, soberana, absoluta; en el segundo, la inmunidad es no-toda, re-lativa, subversiva. En sentido moderno, se puede decir que esta diferenciación entre dos inmunidades distintas presenta las mis-mas características que la diferencia entre legalidad y legitimidad, o, mejor, entre ley y medida.[24] En un sentido lógico, referido a la teoría de conjuntos, se puede afirmar que la inmunidad de Creonte no es un elemento ni está incluida en el conjunto «comunidad»; en cambio, la inmunidad de Antígona es un elemento de este conjunto, pero no está incluida en él. Para tener una relación de inclusión en el conjunto, y no solo de pertenencia, Antígona debería formar un subconjunto con otros elementos del conjunto, lo que trata de hacer infructuosamente en el diálogo inicial al querer *incluir* a su hermana Ismene en la *trama* de la acción a realizar. Desde este punto de vista, se comprende mejor la definición inusual que Judith Butler propone del prefijo «anti-», presente en el nombre «Antígona», y que no solo significa «opuesta a» o «en contra de», sino, también, «en compensación de» (2001, p. 40) una legalidad desbocada.

En las últimas décadas, el par conceptual «amigo/enemigo» que Carl Schmitt propuso en *El concepto de lo político* (1927) ha ocupado gran parte de los desarrollos de la teoría política, también acompañando implícita o explícitamente al concepto gramsciano de «hegemonía» (Laclau, 2005b, pp. 1-12), y que contempla el Estado democrático-liberal como marco insuperable de la política, abandonando así cualquier perspectiva revolucionaria (Lo Piparo, 2012). Es preciso recordar que Schmitt circunscribe la oposición amigo/enemigo en el interior de la soberanía

---

[24] Vale la pena recordar la cita extensa de *Teoría del partisano* (1963) en la que Carl Schmitt se refiere a esta distinción: «Los jacobinos, en la revolución francesa, aún estaban conscientes de la santidad de su noción de ley; tenían la inteligencia y el valor suficientes, en el plano político, para distinguir con precisión *loi* y *mesure*, ley y medida. La medida se calificaba abiertamente como *revolucionaria*» (ibíd., p. 117, cita 66; cursiva en el original). Schmitt rescata esta oposición jacobina para criticar la distinción entre «legalidad» y «legitimidad», que reduce al absurdo, con razón, al mostrar que la segunda depende de la primera o, al revés, que la primera es condición de posibilidad de la segunda. Para los jacobinos, en cambio, no había un «fuera de la ley», lo que reduce al absurdo toda teoría del partisano o del pirata o de Antígona que sitúe a cualquiera de estas figuras en esa posición. Para los jacobinos, siempre hay ley, y lo que está en juego es una cuestión de medida, o de «cierta magnitud», según la definición aristotélica de «tragedia» (2.2), que es contra la que Antígona *osa* arremeter.

estatal: ya sea porque dos Estados que se reconocen mutuamente como soberanos pueden ser «amigos» —estableciendo alianzas, por ejemplo— o «enemigos» legítimos —imponiéndose sanciones económicas o declarándose la guerra—; ya sea porque dentro de un Estado soberano hay dos partes, partidos, facciones o clases enemigas que lo conducen a la guerra civil. Fuera de la legitimidad de la soberanía estatal, el amigo se opone al enemigo igual que lo frío a lo dulce (cfr. Virno, 2023, pp. 73-75). Dicho de otro modo: lo opuesto a tener un amigo o cultivar una amistad no es tener un enemigo o cultivar la enemistad, sino dejar de tener un amigo o dejar de cultivar una amistad. Como decía Aristóteles: «Sin amigos nadie quiere vivir» (cfr. Baceiredo, 2024, p. 9). Sin embargo, la amistad, como elemento indispensable del proceso de individuación humana, es decir, del proceso por el que llegamos a ser lo que somos, no solo está compuesta de una unión inquebrantable y un afecto verdadero, sino que está también escandida de traiciones, distanciamientos, malentendidos, recelos y peligrosidad. La diferencia fundamental entre la amistad y la enemistad es que, en esta, «el elemento destructivo no es un *riesgo* que vale la pena correr, sino un *objetivo* a perseguir» (Bertollini, 2021, p. 77; cursiva en el original). Las amistades de Antígona a las que me voy a referir lo son en este segundo sentido, no canónico schmittiano, es decir, sin un enemigo legítimo o ilegítimo como consecuencia indispensable de «tener un amigo», además de compartir con Antígona el peligro de quedar por fuera de la legalidad vigente y/o de la representatividad política.

El pirata

La figura histórica del pirata es, también, como Antígona, un ejemplo de la antropología política de lo siniestro (Mazzeo, 2022, pp. 9-20). Por un lado, el pirata fue un malhechor, forajido, esclavista, traficante de armas, asesino sin escrúpulos y punta de lanza del colonialismo y el capitalismo; por otro, perfeccionó técnicas de navegación y de guerra, estableció nuevas rutas marítimas, vivió en comunidades multiétnicas, desdibujó los roles de género, simbolizó la libertad, originó nuevas formas de organización social y se convirtió en un antepasado del cíborg por la pata de palo y el garfio que lo caracterizan (cfr. Mazzeo, 2022; cfr. Linebaugh y Rediker, 2022). No obstante, lo que me interesa destacar del pirata no son sus virtudes ni sus defectos, sino el hecho de que, como Antígona, es una figura que se sitúa jurídicamente por fuera de la ley vigente, y, por tanto, más allá de la legítima relación amigo/enemigo.

En *El nomos de la tierra* (1950), Carl Schmitt establece las «tomas de tierra» como «los grandes actos primitivos del derecho» (p. 23); es decir, el derecho nace como una *técnica* humana para repartir la tierra y establecer la propiedad sobre ella.[25] En el mar, en cambio, «no rige ninguna ley» (ibíd.), sino que es un espacio *común* en el que los piratas se desenvuelven como pez en el agua, nunca mejor dicho.

El término «pirata» deriva del verbo griego «peiran», que significa «probar, intentar, osar» (ibíd.), pero también «emprender» o «aventurar», y comparte étimo con «empiria», pero no en el sentido de que el valor de verdad está asociado a lo que puede ser captado por los sentidos [«aisthesis»], sino en el sentido de que el valor de verdad reside en «poner a prueba» la realidad circundante (Mazzeo, 2022, pp. 28-37). Esta «osadía» característica del pirata es la razón por la cual «ninguno de los héroes de Homero se hubiera avergonzado de ser hijo de un pirata audaz que prueba su suerte» (Schmitt, 1950, p. 23). Tuvieron que llegar las «tomas del mar» por parte de los grandes imperios «talasocráticos» —primero en el Mediterráneo y después en el Atlántico— para que la figura del pirata fuese denostada y envilecida hasta ser llamada con el sobrenombre de «perro de mar» [«seadog»] (Mazzeo, 2022, pp. 88-95). Según Schmitt:

---

[25] Bachofen ofrece una versión «siniestra» del origen de la propiedad privada, al considerar que «el espacio de la tumba es el núcleo generador de la propiedad privada» (cfr. Jesi, 2025, p. 139).

El pirata era declarado enemigo del género humano, *hostis generis humani*. Ello significa que era proscrito y desterrado y declarado fuera de la ley y de la paz por los soberanos de los imperios marítimos (1950, p. 23).

Es decir, por un lado, están los enemigos legítimos determinados por el mutuo reconocimiento de la soberanía estatal; por otro, están los enemigos ilegítimos, como los piratas, que son *enemigos de todos*. Una enemistad que convierte en amigos a los enemigos legítimos y que sitúa al pirata en un espacio de inmunidad «fuera de la ley y de la paz». La naturalización que inmuniza al pirata («seadog») y la divinización que inmuniza a los soberanos de los imperios «donde nunca se pone el sol» son de signo opuesto, pero del mismo orden —más allá o más acá de las leyes humanas—, y muestran la ambivalencia y la indeterminación tanto de la inmunidad jurídica como de la decisión soberana. La naturalización a la que es sometido Polinices, al ser tratado como un animal o «menos-que-humano» (Butler, 2022, p. 23) por la ley que promulga el edicto de Creonte, es del mismo orden —o son dos elementos del mismo modelo (cfr. 2.4)— que el sufrimiento de Antígona, al ser enterrada viva como efecto de la divinización del derecho.

El partisano

No deja de ser siniestro que un nazi como Carl Schmitt dedicara gran parte de su ingente producción teórica a determinar políticamente quién es un *amigo* y quién es un *enemigo*, pero, al considerar este par conceptual como la esencia de la política, es una idea que no abandonó. Al menos, lo volvió a desarrollar en *Teoría del partisano. Acotación al concepto de lo político* (1963), un breve ensayo que recoge las dos conferencias que impartió en Pamplona y Zaragoza, respectivamente, en 1962, es decir, en pleno franquismo. Según Schmitt, la figura del partisano nace en España durante el reinado de José I (1808-1813), hermano de Napoleón Bonaparte, tras las «abdicaciones de Bayona» por parte de Carlos IV y de su hijo y sucesor «legítimo», Fernando VII. El rechazo popular ante el nuevo rey, apodado «el Intruso», y caricaturizado como «Rey de Copas» o «Pepe Botella» por su supuesta afición al juego y al vino, provocó una insurrección armada. Más de doscientas guerrillas extendidas a la largo y ancho del territorio combatieron la invasión del ejército napoleónico que había vencido al ejército regular español en otoño de 1808 (cfr. Schmitt, 1963, p. 14). De modo que el rey depuesto no sabía bien quién era su enemigo: ¿el ejército napoleónico o el pueblo en armas? Con este enfrentamiento popular contra un ejército regular nace la figura del partisano, que, como Antígona, «lucha irregularmente» (ibíd., p. 7), lo que lo situaría por fuera de la ley, puesto que la guerra se hace «como una guerra de ejércitos regulares estatales, soberanos portadores de un *ius belli*, que se respetan, incluso en la guerra, como enemigos, y que no se discriminan mutuamente como criminales» (ibíd., p. 14). El partisano, en cambio, al no poder ser considerado como un enemigo legítimo por el *ius belli*, suele ser considerado un criminal o terrorista que organiza guerrillas.

Si la figura del partisano nace en la «guerra de Independencia Española», el concepto político de «partisano», según Schmitt, se desarrolló en Alemania. Las luchas de la resistencia española contra el ejército napoleónico despertaron la simpatía en aquella parte de la intelectualidad germana que percibía como una invasión el avance napoleónico por toda Europa, y no tanto un progreso, como era el caso de Hegel o de Goethe, por ejemplo. Entre los simpatizantes alemanes de los primitivos y nada teóricos partisanos españoles, encontramos desde figuras representativas del romanticismo alemán, como Heinrich von Kleist, que dedicó un poema a Palafox, héroe del «sitio de Zaragoza», hasta oficiales del ejército prusiano, como Carl von Clausewitz, quien tomó buena nota de las nuevas tácticas y estrategias de guerra partisana para escribir su famoso *De la guerra* (1832). «Su fórmula de *la guerra como continuación de la política* implica ya *in nuce* una teoría del partisano» (ibíd., p. 13; cursiva en el original). En cualquier caso, y más allá de la filiación conceptual, los rasgos distintivos del «partisano» son cuatro: 1) la *irregularidad* de las tropas, que, al no tener que llevar distinciones militares ni las armas a la vista, le da al partisano la ventaja de la invisibilidad y el anonimato respecto al ejército regular; 2) el *compromiso político*, el partisano forma *parte* del conflicto político, o toma *partido* por la causa; 3) la *movilidad* acentuada en el enfrentamiento armado, al organizarse el partisano en *partidas* o cuadrillas, menores en número al ejército regular, pero con mayor capacidad de acción y movimiento; y 4) el *carácter telúrico*, pues el partisano defiende siempre un territorio acotado, una *parte* de la Tierra diferenciada histórica y culturalmente del resto (cfr. ibíd, pp. 24-34). Por tanto, el concepto de «partisano» deriva de la toma de «partido», pero, también, de organizarse en «partidas», así como de defender, impulsado por una especie de fuerza telúrica, una «parte» acotada de la Tierra. Ligado a esta fuerza telúrica, hay un último «síntoma» (cfr. ibíd., pp. 24-34) que caracteriza al partisano: una pulsión destructiva, «aqueróntica», sobre la que volveré enseguida (3.2 Glosa), y que le hace apropiarse de la cita clásica «*Acheronta movere*» (ibíd., p. 58), sin otra intención y fin que «la destrucción del orden social existente» (ibíd., p. 101).

Aunque el partisano, a diferencia del pirata, está siempre en tierra firme, ambos ocupan el mismo espacio de inmunidad «fuera de la ley y de la paz». De hecho, al partisano también se le ha denominado «corsario terrestre» (ibíd., p. 98), y a los piratas, «partisanos del mar» (ibíd., p. 40). Este entrecruzamiento entre tierra y mar se debe a que las formas de combatir a ambos no suelen estar amparadas en la legalidad, por lo que «las frases "con partisanos hay que luchar de manera partisana" y *à corsaire corsaire et demi* en el fondo dicen lo mismo» (ibíd., p. 98). Y lo que dicen, contradice la legalidad vigente, puesto que la ponen *fuera de sí*. Este es el lugar adonde Antígona sitúa a Creonte al enterrarla viva y no lapidarla públicamente —castigo que, por bárbaro que nos pueda parecer, permite subrayar su carácter «público»—. No está mal que un nazi nos lo recuerde:

Todas las crueldades que sobrepasan la represión necesaria de los partisanos, como medidas de terror, castigos colectivos o participación en un genocidio, se consideran, *naturalmente*, crímenes de guerra (ibíd., p. 38; la cursiva es mía).

Las Madres de Plaza de Mayo

Si el pirata establece medidas y magnitudes a través de «reglas que se da» para poner a prueba la realidad, allí donde «no rige ninguna ley», y el partisano, ilegítimamente, deslegitima el par amigo/enemigo legítimo, en cuanto una unidad de medida posible, pero no necesaria, del *ius*, las Madres de Plaza de Mayo hacen de lo familiar —lo que debería quedar restringido en el *oikos*— algo público, de la *polis*. Es la forma que tienen de hacer suya la frase «lo personal es político» y de desestabilizar, sin proponérselo, la dualidad de género (hombre-mujer) en la que se apoya la dualidad de la ley (ley humana-ley divina).

Cabe recordar que, en el *kommos*, Antígona afirma que por la pérdida de un hijo no hubiese llegado tan lejos en su acción de desobediencia, en contra de la voluntad de los ciudadanos, como lo ha hecho por la pérdida de su hermano Polinices. Veamos hasta dónde llegan las Madres de los «desaparecidos» durante la dictadura argentina (1976-1983), y de dónde vienen, quizá así se pueda entender que el «retorno de Antígona» (Morales, 2021) es, más bien, una «regularidad».

Ciertamente, hay un *phylum* que va desde Antígona hasta las Madres de Plaza de Mayo. Algunos de los hitos más cercanos los encontramos, por ejemplo, en la anotación del 17 de septiembre de 1941 en el diario del novelista y publicista alemán Martin Raschke, donde relata un episodio ocurrido durante la ocupación nazi de Riga. Una chica fue sorprendida mientras esparcía tierra sobre el cuerpo de su hermano, ejecutado y expuesto públicamente. Al ser preguntada sobre el motivo de su acto, la joven respondió: «Era mi hermano y para mí eso es suficiente» (cit. en Steiner, 1987, p. 92). En otra ocupación nazi en diciembre de 1943, la de Kalavrita, una aldea del Peloponeso, el ejército alemán hizo prisioneras a las mujeres en la escuela del pueblo y asesinó a mil trescientos varones, todos los que consiguieron capturar, como represalia por una acción armada de los partisanos griegos. Pese a la prohibición expresa de enterrarlos, bajo pena de muerte, las mujeres se fugaron masivamente de su presidio y fueron a llorar y enterrar a los familiares, amigos y vecinos asesinados. Charlotte Delbo, poeta y militante de la resistencia francesa, tras su visita a Kalavrita, inmortalizó la acción de las mil Antígonas locales en un largo poema en prosa titulado, justamente, *Kalavrita des mille Antigone* (1979). Tan reconocida como las Madres de Plaza de Mayo es la asociación internacional Mujeres de Negro [Women in Black],[26] que la activista y feminista israelí Hagar Rublev fundó el 9 de enero de 1988, durante la «Primera Intifada», para denunciar la violación sistemática de los derechos humanos y la ocupación de los «Territorios Palestinos» de Cisjordania y de la Franja de Gaza por parte del ejército israelí. La forma de protesta de las Mujeres de Negro consiste en ocupar el espacio público durante una hora a la semana, en silencio y vestidas de riguroso luto. La regularidad de este simple gesto aparentemente inofensivo resulta inquietante para las poblaciones y las instituciones que se sienten interpeladas, y les ha llegado a acarrear problemas con la justicia. Aunque la red internacional de la asociación ha conseguido tener representación en países de los cinco continentes, quizá el grupo más notorio sea el que en 1991 se fundó en Belgrado, durante la «guerra de los Balcanes», para denunciar los crímenes de guerra y de lesa humanidad cometidos por el ejército serbio contra la población bosnia y albano-kosovar. La asociación tiene también presencia en España, y en 2007 celebró en Valencia el XIV Encuentro de la Red Internacional de Mujeres de Negro. Pero en La Rioja española ya hubo con anterioridad otras «Mujeres de Negro»; las que el dos de noviembre de 1939 desobedecieron la prohibición expresa de la Guardia Civil de ir a la fosa común de La Barranca a honrar a sus familiares muertos, enterrados allí como represa-

---

[26] https://womeninblack.org

91

lia del ejército franquista. En la actualidad, es uno de principales memoriales a los represaliados de la Guerra Civil española.[27] Algo similar sucedió en la fosa común de Paterna, en Valencia.[28] Pero la acción ético-política antigoniana no es patrimonio de «la mujer»; la desestabilización del binarismo de género y de la dualidad de la ley implícitas en la acción permiten hablar también de «Antígonos» (Sirman, 2024, pp. 251-274). La lista sería interminable, porque «no cesa de no escribirse».

Probablemente, y espero que no haya una estadística al respecto, «Amor de Madre» sea el tatuaje más inscrito en los cuerpos de los legionarios españoles a lo largo de la historia de la institución. Para La Legión (*española*) o, dicho del otro modo al uso, El Tercio (de *extranjeros*) —que sería como *la extimidad de la españolidad*—, la «madre» es uno de los símbolos predilectos de la «*religio mortis*» profesada, y se deja oír en salmos del tipo: «Soy el novio de la muerte» o «¡Viva la Muerte!». Este es el uso fascista de la muerte que rechaza el nombre «Antí-gona», pero, también, la versión criminal del «Deseo de la Madre» (cfr. 2.2), que tiene en el anonimato y la deshumanización del monumento al «Soldado Desconocido» su emblema universal (cfr. Jesi, 2024, pp. 40-47). Por el contrario, las Madres de Plaza de Mayo hacen un uso revolucionario y fundante de la muerte: *no hay ningún «soldado desconocido» para ellas*.

Laura Klein, filósofa y feminista argentina, escribió un artículo bellísimo, *¿Cómo pensar a las Madres de Plaza de Mayo?* (1985), en el que ya puso en relación (de amistad) a las Madres y a Antígona:

> La irreductibilidad a la política de la exigencia de Antígona, cimentada en la incomunicación entre la ley divina y la ley humana, será

---

[27] Véase el documental «Las mujeres de negro» de Rober Astorgano, SavinelliFilms, 2024.

[28] Véase el documental «Dones de novembre. Les fosses clandestines del franquisme» de Óskar Navarro y Sergi Tarín, 2015; también, la novela gráfica de Paco Roca y Rodrigo Terrasa (2023), *El abismo del olvido*, Astiberri, Bilbao.

mellada por los movimientos de mujeres veinticinco siglos después. Lo que a aquella le estaba vedado —vivir políticamente la muerte de su hermano— es lo que constituye a las Madres como movimiento social (ibíd.).

La figura de la madre es como el «negativo» del patriarcado, en el doble sentido del término: la primera es negada por el segundo, y, sin embargo, una es el soporte para la reproducción del otro. Sin madres no existiría el patriarcado, ni la Legión. Esta verdad de Perogrullo es la que contiene el nombre «Antígona», y la que el médico anarquista español Luis Bulffi plasmó en su libro ¡Huelga de vientres! Medios prácticos para evitar las familias numerosas (1906). Según el esquema dual hegeliano, las mujeres, y en especial, las madres, son las que velan por las «leyes naturales», cuyo poder de acción se restringe al oikos. Vistas así, las leyes naturales son como un premio de consolación ofrecido a la posición simbólica «mujer», porque las que dirimen sobre los asuntos de la polis, sobre la res publica, son las «leyes humanas», de las que se ocupan los varones. Pero ¿qué sucede cuando las Madres ocupan la Plaza de Mayo y «el "orden social" es puesto en tela de juicio por el "orden natural", en un movimiento en que "lo natural" se descubre social» (Klein, 1985, ibíd.)? Diría que las Madres han hecho «historia natural» (Virno, 2004, pp. 179-224; Mazzeo; 2023), aunque la prensa de derechas argentina, como La Nación, no dudó en calificarlo de «terrorismo sentimental» (ibíd.); como queriendo decir que a una madre no se le puede hacer lo mismo que a sus hijos y que, por tanto, las Madres se amparan en los «buenos sentimientos» de los antiterroristas, siempre en guardia ante la criminalidad. En cualquier caso, «las madres, para afirmarse como madres, debieron negarse como tales» (ibíd.). Es decir, usaron la doble negación, o negación de la negación hegeliana, para negar la figura de la madre como «negativo» del patriarcado y de la madre patriarcal que es la Patria. Al denunciar públicamente la «desaparición» de un familiar, las Madres atentaban, al mismo tiempo, contra la familia tradicional, que había reservado para ellas las tareas del hogar, y no la denuncia pública. Aunque

93

en un primer momento la demanda política de las Madres iba dirigida a las autoridades institucionales, «la fase posterior de este proceso de politización la constituye la reivindicación de la lucha política de sus hijos» (ibíd.). Y es aquí cuando lo familiar se hace extraño y lo personal, político.

> Fuera del recinto doméstico los valores eternos, la esencia natural del ser humano, aparecían enajenados. Entre el mundo cotidiano, donde todo se halla al alcance de la mano, y el otro lado del mundo, el inesperadamente corrupto, no parece haber comunicación posible. Lo afirmado aquí en uno, es negado en el otro; lo deseado aquí, es allí aplastado. La potencia de lo conocido se transforma en impotencia ante lo desconocido. Lo *siniestro* se incorpora a la vida cotidiana: los actos más banales pueden resolverse en la muerte (ibíd.; la cursiva es mía).

3.2 El primer estásimo de *Antígona*

El primer estásimo (vv. 332-376), es decir, la primera actuación del Coro después del párodo inicial, es el más importante de la tragedia al plantear un nudo antropológico fundamental (cfr. Pastrana, 1969, p. 241): la naturaleza humana es sabia («sophón»; v. 365) y osada («tólma»; v. 371) elaborando técnicas («téchnas»; v. 365) de supervivencia como la navegación, la agricultura, la caza, la ganadería, «el lenguaje y el alado pensamiento» o la arquitectura (cfr. vv. 333-360). Pero, por un lado, aunque *sabe* curar enfermedades que no tenían remedio, así como inventarse aflicciones nuevas (cfr. Lacan, 1959-1960, p. 340), *no sabe la técnica para escapar de la muerte*; por otro, aunque ser osado le ayuda a sobrevivir, *su osadía puede ir en contra de su supervivencia*, tanto en la *polis* como en la naturaleza. Por ello, el ser humano es el animal más «deinón» (v. 334): asombroso, maravilloso, portentoso y formidable, pero, también, el más terrible y temible.[29]

---

[29] Para una exposición detallada del sentido positivo y negativo del término, léase Pastrana, A., *op. cit.*, pp. 266-272.

Respecto a la naturaleza, el animal humano es «pantopóros áporos» (v. 359); oxímoron que se podría traducir como «un pobre rico en recursos», «el que tiene salida para todo en una situación sin salida» o, incluso, «el que, hallándose fundamentalmente sin escapatoria, inventa constantemente modos de escapar». «Pantóporos» significa «fecundo en recursos»; el *sapiens* es el que es capaz de poner en obra todas esas técnicas de supervivencia recién mencionadas. «Áporos» significa «pobre» o «indigente», pero es difícil no relacionar el término con el de «aporía», que describe una situación sin salida, como los diálogos platónicos llamados «aporéticos», que no llevan a ninguna conclusión. El ser humano es pobre [áporos] porque es un animal neoténico, es decir, presenta una inmadurez crónica y no está especializado genéticamente para vivir en un «ambiente» natural determinado (cfr. Mazzeo, 2022, pp. 63-74), pero es fecundo en recursos porque se hace un «mundo» elaborando técnicas de supervivencia que le permiten vivir en ambientes que le eran hostiles. Con audacia y osadía *destruye* los ambientes para modificarlos a su antojo, pero una *destrucción ilimitada* le acaba por caer sobre su propia cabeza, poniendo en peligro la habitabilidad de su mundo.

Respecto a la ciudad, el animal humano —«zoon politikón», según la clásica definición de Aristóteles en la *Política* (1253a 2-8)— es «ypsípolis ápolis» (v. 370), es decir, «aquel que está arriba y también fuera de la ciudad» (Lacan, 1959-1960, p. 339). Con audacia y osadía transgrede los límites de la ciudad, unas veces para hacer el bien, por lo que es elevado a la cumbre de la *polis*, y otras para hacer el mal, lo que le hace merecedor del destierro: «¡Que no llegue a sentarse junto a mi hogar ni participe de mis pensamientos el que haga esto!» (vv. 374-376). Para Eustaquio Echauri y José M. Pabón, «ypsípolis» significa «que ocupa un alto cargo en el Estado, magistrado supremo»;[30] «ápolis», en cambio, «sin ciudad, sin patria; desterrado; mal ciudadano, *o* ciudada-

---

[30] Echauri, E. y Pabón, J. M., *Diccionario Manual Griego*, VOX, Madrid, 1942, p. 614.

95

no sin significación en la ciudad».[31] Por tanto, «ypsípolis ápolis» puede referirse, por un lado, a un alto cargo del Estado desterrado *de* la ciudad; por otro, y al revés, a un desterrado o apátrida que llega a legislar *en* la ciudad.

Según Lacan, Sófocles usa esta conjunción terminológica para referirse al «descarrío» de Creonte, quien actúa de forma tiránica al identificarse con la ley. La lectura de Lacan sería apropiada para el primer sentido de la conjunción que propongo, el del destierro de un ciudadano que se ha puesto por encima (de los intereses) de la ciudad, y cuya realización histórica estuvo presente en la Grecia antigua en instituciones como la del ostracismo, pero no para el segundo sentido del sintagma. El gesto político de Antígona hace valer el bien de las leyes divinas, que está por encima de la ciudad («ypsípolis»), al salir de las murallas de Tebas («ápolis») para poder enterrar a su hermano *en* la *polis*, según las leyes humanas.

Paradójicamente, el primer estásimo, conocido por los especialistas como la «Oda sobre *el hombre*», es un canto a *una mujer*.

Glosa. Antropología política de lo siniestro

Se ha convertido en un lugar común o una «tontería» bastante difundida hacerse la pregunta: «¿Por qué es más fácil imaginar el fin del mundo que el fin del capitalismo?». Cualquiera que haya tenido que despertarse antes del amanecer para ir a trabajar ha podido llegar a *imaginar* el fin del capitalismo al apagar el despertador o al estrellarlo contra la pared. Para el capitalista, el fin del capitalismo coincide con el fin del mundo, que siempre se representa como la actualización de «la guerra de todos contra todos» hobbesiana. Para el anticapitalista, en cambio, el fin del mundo —aquello que nos lo «recuerda», como un desastre natural o una emergencia sanitaria— es solo la ocasión para establecer redes de apoyo mutuo y poner la vida en el centro de la producción social.

---

[31] ibíd., p. 73; cursiva en el original.

No obstante, si el capitalismo se naturaliza hasta hacer coincidir su «fin» con el del «mundo» —«lo que no cesa de escribirse» a través del género distópico hollywoodiense—, no es solo, como pensaban los «economistas clásicos» que Marx critica, porque el capitalismo es una relación histórico-social que se presenta como el desarrollo «natural» del *sapiens*, sino que, también, añade Marx, se naturaliza porque imprime una forma histórica a las características *comunes* de la especie (cfr. Virno, 2025, pp. 75-88), y que están en la base de la definición marxiana de «fuerza de trabajo»: «El conjunto de aptitudes físicas y mentales que existen en la corporeidad, es decir, en la personalidad viva de un ser humano y que él pone en movimiento cuando produce valores de uso de cualquier índole» (Marx, 1867, p. 226).

Como he señalado en el apartado dedicado a la ordalía, Creonte naturaliza la historia al dejar la vida de Antígona en manos de los dioses, o haciendo «que su muerte parezca natural». Antígona, por el contrario, historiza la naturaleza al querer hacer vigente en la *polis* una ley no escrita, metahistórica. Según Marx, este doble movimiento, el de Creonte al querer naturalizar la historia y el de Antígona al querer historizar la naturaleza, está presente de forma definitoria en el capitalismo. Este, además de presentarse como una relación social «natural», imprime una forma histórica a la naturaleza humana (inestabilidad pulsional, facultad del lenguaje, neuronas espejo, inmadurez crónica, ausencia de un ambiente determinado, postura erecta, visión bifocal, pulgar oponible, instintos poco o nada especializados, etc.), de modo que nuestros deseos, pasiones, vicios o miedos tienen también esa forma; pero, por el mismo motivo, por lo «informe» de la naturaleza humana, es solo posible, y no necesario, que esta adquiera la forma capitalista.

Desde la Modernidad, la antropología política ha quedado aplastada entre dos grandes *fuerzas telúricas*. Por un lado, la hobbesiana, según la cual, ya sea por el «*homo homini lupus est* [el hombre es un lobo para el hombre]» o por el «*bellum omnium contra omnes* [la guerra de todos contra todos]» con los que define el «estado de naturaleza», al animal humano hay que darle una forma cívica, estatal, para que no se autodestruya. Por otro, la rousseauniana, tradición que insiste en que «el hombre es bueno por naturaleza», pero la sociedad lo pervierte, por lo que bastaría con hacer una sociedad acorde a la naturaleza del *sapiens* para «vivir bien», que es el asunto ético-político por excelencia. A pesar de su enemistad legítima, ambas coinciden en tener como sujeto político a la noción de «pueblo», y exorcizan con las mismas fuerzas la noción de «masa» y la de «multitud». A grandes rasgos, Hobbes representa a la antropología política de la derecha: es preciso un soberano, situado *más allá* de la ley que él garantiza, inmune a ella, para que ponga freno a la naturaleza destructiva de la especie. Rousseau, en cambio, representa a la antropología política de la izquierda: es preciso una sociedad a imagen y semejanza de la naturaleza humana para acabar con *la destrucción del hombre por el hombre*. Si se da por buena la premisa, que suscribo, de que la naturaleza humana es informe, pura potencia que admite una multiplicidad de formas de vida distintas, cae por su propio peso que una sociedad «informe», a la Rousseau, es decir, acorde a la «naturaleza humana», sería insufrible. La ambivalencia de la figura de Antígona me sirve para situar la ambivalencia de una antropología política de lo siniestro, ni hobbesiana ni rousseauniana, que se mueve en el capitalismo como en un *mundo* familiar y extraño a la vez.

Recordemos que la acción ético-política de Antígona consistente en enterrar a su hermano es indistinguible, desde el punto de vista de los guardianes que custodian el cadáver por orden de Creonte, de «un torbellino de aire» o del «azote divino» (vv. 417-424) que habría cubierto de polvo el cuerpo de Polinices. Antígona niega esta indistinción al reconocer en el espacio público, ante la soberanía que encarna Creonte, que el entierro ha sido obra de su mano y no de un viento movido por los dioses o por la fuerza de la naturaleza, que el entierro de los humanos debe ser obra humana, es decir, que la muerte simbólica debe estar siempre en manos de los humanos, aunque estos obedezcan a leyes divinas o naturales.

El torbellino de aire que Antígona niega al reconocer la autoría de su acción es del mismo orden que el «vendaval perenne de la destrucción creadora» (Schumpeter, 1996, p. 119) que se encuentra en la esencia del capitalismo, según la clásica definición del economista austríaco Joseph Schumpeter:

> La apertura de nuevos mercados, extranjeros o nacionales, y el desarrollo de la organización de la producción [...] ilustran el mismo proceso de mutación industrial —si se me permite usar esta expresión biológica— que revoluciona incesantemente la estructura económica *desde dentro*, destruyendo ininterrumpidamente lo antiguo y creando continuamente elementos nuevos. Este proceso de *destrucción creadora* constituye el dato de hecho esencial del capitalismo (ibíd., pp. 118-119, cursiva en el original).

La licencia de Schumpeter al usar expresiones biológicas no se reduce solo al concepto de «mutación», con el que se refiere al «vendaval» de la destrucción creadora característico del proceso de valorización del capital, sino que también recurre a otras nociones biológicas como «proceso evolutivo» (ibíd., p. 120) o «proceso orgánico» (ibíd., p. 121) para referirse a los ciclos económicos de onda larga postulados por el economista ruso Nikolai Kondratieff, y cuyo motor es la destrucción creadora en cuanto innovación; o al concepto de «simbiosis» (ibíd., pp. 184-221), para referirse a la conveniente convivencia de distintos modos de producción en el seno de la sociedad; por ejemplo, la del artesano de la época feudal con la gran industria típicamente capitalista. Según Schumpeter, el capitalismo ha llevado «su destrucción mucho *más allá* de lo que era inevitable» (ibíd., p. 189; la cursiva es mía) al destruir también esta simbiosis entre diferentes estamentos históricos. «Al romper el marco precapitalista de la sociedad el capitalismo rompió, por tanto, no solo las barreras que impedían su progreso, sino también los arbotantes que impedían su colapso» (ibíd.).

El «vendaval de Schumpeter» se vuelve contra sí mismo al destruir «los arbotantes que impedían su colapso». Pulsión de doble muerte. La destrucción creadora se aproxima inexorablemente hacia el colapso del sistema capitalista, «al desmoronamiento de los tejidos de la continuidad y el asesinato de generaciones» referido por Deborah Bird Rose, pero, al mismo tiempo, es «el punto de apoyo para la construcción de una organización productiva de orden *cósmico*» (Mazzeo, 2022, p. 153; subrayado en el original), como si el orden *geológico* en el que el concepto de «capitaloceno» inscribe al capitalismo se le quedase a este pequeño. Por un lado, el capitalismo se presenta como *cósmico* porque la colonización del espacio podría facilitar la transferencia de microorganismos terrestres hacia cuerpos extraterrestres, «modificando» no solo la vida planetaria, sino, también, la interplanetaria; por otro, aunque es el reverso de la razón anterior, porque el capitalismo «tiende a fagocitar el planeta en el cual ha nacido» (ibíd.). Según Carl Schmitt, la «toma del espacio» no será más que una especie de «toma de tierra» ampliada, en el sentido de que las potencias de la tierra son también las potencias del espacio, pero la diferencia radica en que ahora estas potencias disponen de medios de destrucción mucho mayores de los que se dispusieron en las tomas de tierra originarias del derecho. «Semejantes medios de destrucción absolutos exigen que haya un enemigo absoluto, porque de otra forma resultarían absolutamente inhumanos» (Schmitt, 1963, p. 128). Pulsión de doble muerte. Un «enemigo real» es demasiado poco para unos medios de destrucción absolutos.

Sin embargo, hay otro *uso* posible de la destrucción. Como ya he señalado, según Lacan, la pulsión de muerte es una «sublimación creacionista» (1959-1960, p. 264) ambivalente: por un lado, «la perspectiva creacionista es la única que permite entrever la posibilidad de la eliminación radical de Dios» (ibíd., p. 265), o la posibilidad de la aniquilación cósmica; por otro, es «creación *ex nihilo*» (ibíd.), una «catacresis política» (Butler, 2001, p. 110), una «agresión innovadora», «el punto de partida tanto de la destrucción como del uso» (Mazzeo, 2022, p. 142). Dicho de otro modo: la pulsión de destrucción no tiene por qué ser, en todos los casos, una destrucción cumplida o realizada, sino que cabe la posibilidad de que sea una destrucción fallida. En ese «punto de partida», que es también el punto de partida ordálico del juicio, originario o de Dios, es donde se sitúa Antígona como una figura antropológica de lo siniestro.

Una destrucción no realizada, no llevada a cabo o fallida es lo que está en la base de los objetos y fenómenos «transicionales» descritos por el psicoanalista inglés Donald W. Winnicott. El proceso por el que un objeto o fenómeno llega a ser transicional para un bebé, es decir, ni tuyo ni mío, sino interpuesto *entre* «yo» y «no-yo», «transindividual», condición de posibilidad de ambos, es el siguiente:

> 1) El sujeto *se relaciona* con el objeto. 2) El objeto está a punto de ser hallado por el sujeto, en lugar de ser ubicado por este en el mundo. 3) El sujeto *destruye* el objeto. 4) El objeto sobrevive a la destrucción. 5) El sujeto puede *usar* el objeto. (Winnicott, 1971, p. 156; cursiva en el original).

El sujeto se relaciona con el objeto (por ejemplo, un peluche o el seno materno) porque, digamos, aún no ha desarrollado el *juicio* que le permitirá discernir entre sujeto y objeto, sino que vive en un continuum en el que el objeto y el sujeto no aparecen como tales. En este sentido, *relacionarse* con el objeto es no relacionarse con él en absoluto, por eso el sujeto no sabe ubicarlo en el mundo. Hay un punto ciego en el proceso que describe Winnicott, una especie de *fading* objetual, un hiato o una falla que se abre cuando el sujeto está a punto de hallar el objeto y, acto seguido, nos informa de que lo destruye. El objeto no aparece como finalmente hallado, sino solo como superviviente de una destrucción. El sujeto, por su parte, aparece solamente como dividido entre el «yo» y el «no-yo», el cuerpo y la mente, lo propio y lo impropio, lo íntimo y lo éxtimo, lo familiar y lo extraño.

El sujeto ha dado con el objeto (peluche o seno materno), pero solo porque este sobrevive a su destrucción, si no, no habría manera. A partir de este momento puede hacer *uso* del objeto, es decir, considerar el objeto *en cuanto* objeto y, llegado el caso, incluso *en cuanto* sujeto. «El estudio de este problema implica

101

una afirmación del valor positivo de la destructividad» (ibíd.). La destrucción fallida es la *causante* de objetos y fenómenos transicionales como pueden ser un peluche, el seno materno o la esfera pública, de los que el sujeto puede hacer *uso* porque no los ha destruido y, llegado el caso, incluso puede considerar como sujeto (de derecho), también, a una ballena, un río, una montaña o un muerto, como en el caso de Antígona.

3.3 La melancolía de Antígona

A finales de los setenta, el arquitecto catalán Ricardo Bofill proyectó el barrio *Antigone* de Montpellier. La obra, realizada en unos solares de más de treinta hectáreas al este de la ciudad, justo después del centro comercial *Polygone*, debía conectar el casco histórico con el río Lez.[32] Más allá del homenaje a la figura de Antígona, el nombre del barrio viene, por un lado, por oposición al centro comercial *Polygone*, como dos modos diametralmente opuestos de habitar el espacio; por otro, el nombre se debe a la disposición del barrio, situado *de espaldas a la ciudad* para atraer el centro histórico hacia el río Lez. Independientemente del resultado urbanístico final, que no depende por completo de un animal «pantóporos áporos», Bofill supo captar el gesto «ypsípolis ápolis» de Antígona al ponerle su nombre a un barrio de Montpellier que está «más allá» del centro comercial *Polygone*, y que se extiende hacia el río Lez para incorporar a la ciudad su límite natural.

Los límites físicos hacen de barrera natural a la extensión de las ciudades, los lingüísticos, en cambio, constituyen una barrera humana. El edicto de Creonte que prohíbe llorar y enterrar a Polinices dice, al mismo tiempo, que este *no* es un ser humano (cfr. Virno, 2013, p. 18). El «no» de Antígona niega este veredicto. Creonte y Antígona disponen de un «no» común para decir cosas diametralmente opuestas. Creonte lo usa para decir «ese

---

[32] Agradezco esta información sobre la obra de Ricardo Bofill, que desconocía, al arquitecto y crítico de arte Ivan Alcázar Serrat. En: https://ricardobofill.com/es/projects/antigone/

no es humano» y excluir al muerto del ambiente humanizado que constituye la ciudad; Antígona, en cambio, lo usa para decir «eso *no* es verdad», es decir, para *negar la negación* y tomar por humano lo que normativamente no lo es.

Las tres conferencias que recoge el libro de Judith Butler, *El grito de Antígona*, se publicaron originalmente con el título *Antígona's claim*. La traducción de «claim» más precisa debería ser «reclamación», «demanda», «queja» o «lamento» («kommos»), aunque «grito» da cuenta del límite entre lo humano y lo no humano en el que también Butler sitúa a Antígona. En la conclusión de la última de las tres conferencias del libro, la autora habla de «una melancolía de la esfera pública» (Butler, 2001, p. 109) para referirse a la pasión que mueve a Antígona. Es decir, una melancolía que no ha retraído la libido desde el objeto perdido hasta un yo «empobrecido», para goce y disfrute de la «instancia crítica» o superyoica (la depresión asociada a la melancolía), sino hasta *una esfera pública empobrecida* porque excluye al hermano muerto. Sin embargo, Antígona no se suicida porque no puede incluir a su hermano en la esfera pública a través del entierro, sino porque después del «juicio de dios» ya no va a haber más esfera pública *para ella*.

Si Antígona es melancólica es porque «sus quejas [Klagen] son querellas [Abklagen]» (Freud, 1917, p. 246). Se trata de una melancolía política, contagiosa, que no solo hay que extirpar de la esfera pública, sino, también, del cuerpo social, que ya empieza a rumorear contra la decisión de Creonte por las calles de Tebas. Del rumor al grito, la ordalía terrestre de Antígona la arrastra adonde no hay «huella» de lo humano para que la ciudad «no quede contaminada», es decir, la excluye de la esfera pública para «curar» el cuerpo social. Del grito al rumor, Creonte tampoco escapa de estar afectado por «una melancolía de la esfera pública», ya que «a través de sus acciones en la esfera pública cambia de carácter» (Mazzeo, 2022, p. 119).

Entonces, divino amigo, un hombre llega a ser perfectamente tiránico cuando, por naturaleza o por hábitos o por ambas cosas a la vez, se torna borracho, erótico o lunático [«melancholikós»] (Platón, *República*, 573c 7-10).

Las acciones de Creonte para hacer cumplir el edicto que dictamina normativamente lo que es humano y lo que no, lo arrastran, paradójicamente, hacia una manifestación de la melancolía en el límite de lo humano: la licantropía (Mazzeo, 2022, pp. 105-134).

Así también cuando el que está a la cabeza del pueblo recibe una masa obediente y no se abstiene de sangre tribal, sino que, con injustas acusaciones [...] lleva a la gente a los tribunales y la asesina, poniendo fin a vidas humanas y gustando con lengua y boca sacrílegas sangre familiar [...], ¿no es después de esto forzosamente fatal que semejante individuo perezca a manos de sus adversarios o que se haga tirano y de hombre se convierta en lobo? (Platón, *República*, 565e-566a 4).

En la antigua Grecia, las pasiones eufóricas por el vino, el poder y el sexo estaban asociadas a la melancolía tanto como las pasiones disfóricas, tristes, depresivas o apáticas. Para Freud, «el cuadro nosológico de la melancolía destaca el desagrado moral con el propio yo por encima de otras tachas» (Freud, 1917, p. 245), y lo que la distingue del duelo es «el conflicto de ambivalencia» (ibíd., p. 253) respecto al objeto: el «yo» amado y odiado a la vez. Para Aristóteles, en cambio, el melancólico es «anomalos» (cit. en Mazzeo, 2022, p. 119), es decir, «distinto a sí mismo»; presenta una falla subjetiva, una división, una alienación esencial, una anomalía, que puede llegar a ser tan extraña para sí misma como para la comunidad. Este extrañamiento es el *modelo* que contiene la acción política de Antígona consistente en *velar al muerto*: el gesto antropológico fundamental y siniestro por el que lo familiar se hace extraño. La salida, fallida, que Antígona inventa, a la fatalidad familiar.

Glosa. Por una política siniestra

Antígona es una figura política de lo siniestro por hacer de lo familiar (un hermano) algo extraño (una sepultura), con el simple gesto de esparcir encima del cadáver «una capa de polvo» para *velar* la muerte; por la pulsión de muerte que la empuja en su acción, y que parece inmunizarla contra el edicto de Creonte; por establecer una nueva *medida* entre lo humano y lo no-humano que contradice la ley humana que representa Creonte; por tratar de encontrar una salida a la fatalidad familiar en el agujero que la muerte de Polinices abre en la estructura del parentesco; y por *historizar la naturaleza* al provocar un «terremoto» en el orden histórico-social de la *polis* tebana invocando unas leyes naturales o metahistóricas, ni de hoy ni de ayer, sino de siempre, que son «ypsípolis ápolis». «Histerizar la naturaleza» sería otra cosa: erigir, dar existencia a un Otro, la «naturaleza», en este caso, en la acción compulsiva de tacharlo o barrarlo. El gusto por la transgresión que reafirma a la ley humana.

Pero ¿qué tiene que ver Antígona conmigo para dedicarle todas estas páginas? Es una pregunta que me he empezado a hacer al final del proceso de escritura, movido, seguramente, por la pulsión de muerte, que me inducía a «acabar con Antígona». De otro modo, sería «procrastinación», que es la manera actual, atenuada y eufemística, de decir «impotencia», y podría estar hasta mi muerte cambiando una coma de lugar sin llegar nunca a hacer público el texto. Mejor dicho: sin restituirle el carácter público, ni tuyo ni mío, a través de la publicidad que de él hago. El parecido, o los «aires de familia» (Wittgenstein, 1953, § 67), que comparto con Antígona es que ambos somos apercibidos en la acción de enterrar. En el caso de Antígona, al enterrar a su hermano. En el mío, al enterrar a la izquierda. Como uno de los problemas históricos de la izquierda fue, es y será cierto exceso de Creontes en sus filas, no faltará quien, «simbólicamente», me quiera enterrar vivo por mi acción. En mi defensa, me amparo en el *habeas corpus*, que, literalmente, significa «que tengas cuerpo» —para afrontar un juicio justo, se entiende—, y que es la formulación jurídica precisa del rasgo quizá más distintivo de la especie humana: tener (y no ser) un cuerpo como efecto de la adquisición del lenguaje (Virno, 2023).

El «sueño del padre muerto» es un lugar común en el psicoanálisis, y fue comentado en varias ocasiones tanto por Freud como por Lacan (Gallastegui, 2017). Después de una larga y dolorosa enfermedad que acabó con la vida de su progenitor, un hombre sueña que el padre está entre los vivos, sin saber que está muerto. ¿Cómo decirle a un padre muerto que los muertos deben estar con los muertos y los vivos, con los vivos?, ¿por qué el padre *no sabe* esta ley no escrita?, ¿cómo *quitar del medio* a un padre?, ¿quién no sabe qué? El padre no sabe que está muerto, real y simbólicamente, y el hijo no sabe que, justamente, tener al padre muerto, era su deseo. La izquierda es ese padre moribundo por el que uno no deja de sentirse culpable al desearle su fin.

Como es sabido, los conceptos políticos de «izquierda» y de «derecha» remiten a una cuestión espacial, relativamente vaga, determinada por el lugar que ocupaban los partidos políticos en la Asamblea Constituyente de la Revolución Francesa. A la derecha de la presidencia se sentaban los defensores de la monarquía y del Antiguo Régimen, representantes en su mayoría de la nobleza y el clero; en el centro, los monárquicos «demócratas»; y a la izquierda, «todo lo demás». Esta masa informe era considerada un enemigo legítimo dentro del hemiciclo, parte de un *todo* comunitario fundado en la inmunidad soberana representada por la presidencia. Este es el origen de la enemistad política entre la derecha y la izquierda, así como de su amistad legítima contra el enemigo ilegítimo común, o tercero en discordia, que llamo «sujeto político siniestro», y del que he tratado de dar cuenta no solo a través del personaje trágico de Antígona, sino, también, con las figuras del pirata, el partisano y las Madres de Plaza de Mayo. Evidentemente, el sujeto político siniestro no se agota en estos ejemplos, sino que, más bien, lo dotan de cierta coherencia interna.

Un artículo de Emmanuel Rodríguez titulado *Lo que la amnistía dejó y deja de lado* (2021) me sirve para situar el concepto en la historia reciente de España. La ley de amnistía de 1977 «exculpó de sus delitos (y de toda responsabilidad) a la clase política franquista y sacó de la cárcel a los presos políticos de la izquierda. Con ello mostró quién quedaba dentro y quién fuera del nuevo régimen político» (ibíd.). La ley de amnistía cumplió una doble función. Por un lado, *sepultó* la no prescripción de los crímenes de guerra y de lesa humanidad cometidos durante la Guerra Civil y el franquismo; por otro, erigió a los presos políticos de los partidos de izquierda en los únicos represaliados «legítimos» del régimen franquista y auténticos valedores de la democracia. Pero, precisamente, lo que la amnistía de la transición democrática en el Estado español «dejó y deja de lado», es decir, «fuera de la ley», o excluido normativamente, fue al sujeto político siniestro conformado por los *otros* represaliados del régimen franquista, los que no se beneficiaron de la amnistía: presos comunes, «vagos y maleantes», gitanos, quinquis, homosexuales, travestis, prostitutas y una de las experiencias políticas más interesantes de la Transición, como fue la Coordinadora de Presos en Lucha (COPEL).

Esta sería una forma concreta de situar políticamente la tradición siniestra que reivindico, y que no se reconoce plenamente en la izquierda histórica. En términos generales, se puede reconducir el distanciamiento siniestro respecto a la tradición de la izquierda a tres de los postulados que esta ha defendido históricamente, apartándose progresivamente del movimiento revolucionario: 1) la adoración del Estado; 2) la exaltación del trabajo asalariado; 3) y la igualdad ante la ley (Virno, 2025, pp. 9-20). Respecto al primer punto, una de las premisas del movimiento revolucionario fue siempre la *destrucción* del Estado, en cuanto institución plenamente burguesa y, por tanto, no neutral. En este punto hubo siempre un acuerdo unánime dentro del movimiento revolucionario, y los debates más enconados se dieron en torno a cómo y en qué tiempos se daba esta destrucción. No obstante, suelen ser los partidos de izquierda quienes defienden más enérgicamente al Estado. Ya sea que se enaltezca la vigencia del Estado de derecho, que se reclame la ampliación del Estado del bienestar o que se denuncie sin descanso la existencia de «cloacas» en el Estado; en cada caso, el sujeto de la enunciación suele venir de la izquierda. En segundo lugar, la exaltación del trabajo asalariado por parte de la izquierda se remonta a sus orígenes. En la *Crítica del programa de Gotha* (1875), Marx critica desde el inicio del escrito la imperdonable confusión «programática» del Partido Socialista Obrero de Alemania, según la cual, es el trabajo, y no la naturaleza, la fuente de toda riqueza. Es decir, para la izquierda, incluso para una supuestamente marxista como la alemana del siglo XIX que Marx critica, sin trabajo no hay riqueza, por lo que es necesario defender el primero a ultranza para una mejor redistribución de la segunda. Para Marx, en cambio, sin riqueza acumulada no hay trabajo asalariado, por lo que es necesario socializar la primera para abolir el segundo. En tercer y último lugar, la idea de igualdad que históricamente ha defendido la izquierda tiene como base la igualdad jurídica de las dos partes contratantes, en cuanto ciudadanos *libres e iguales ante la ley*, del contrato laboral. Pero para que haya igualdad y libertad contractual se ha tenido que producir con anterioridad una acumulación que delimita el terreno de juego *entre iguales* y una borradura que deja fuera del campo político a los enemigos ilegítimos que no quieren trabajar, *hostis generis humani*. En este sentido preciso, como señala Lacan, es conveniente «liberarse de la libertad» del sujeto (de derecho) (cit. en Cimatti, 2019, p. 179).

Pero es propio de la «izquierda radical», o «extrema izquierda», quedarse en este punto de la lectura, con una salida optimista y otra pesimista de la situación sin salida en el marco del capitalismo. Para la izquierda optimista, solo hace falta desear o imaginar un estado de las cosas sin dominación para que este se actualice. Para la pesimista, el sujeto desea la represión y es incapaz de imaginar lo inimaginable. Esto no es así para una política siniestra, ni radical ni extrema, porque no espera encontrar en las raíces lo que no ha visto en los frutos, ni extremar lo que está ya mal en su centro gravitacional. Y no puede ser así por su carácter ambivalente, que la hace cohabitar con la dominación en el mismo espacio liminar en el que se dicta la ley. Ciertamente, las cloacas estatales son los grupos paramilitares que se organizan a espaldas del Estado en sus cúpulas judiciales y policiales, pero, también, al mismo tiempo, las cárceles y su población sirven en gran medida como albañales estatales.

Sin embargo, la destrucción del Estado, la abolición del trabajo asalariado y la redefinición de la igualdad (y de la libertad) son condiciones necesarias, pero no suficientes, de una política siniestra, ya que esta tiene su doble reaccionario en el desmantelamiento del Estado del bienestar y la violación sistemática de los derechos más fundamentales en los Estados «fallidos», en la precariedad laboral desregulada como premisa de la promesa de ascensión social a través del emprendimiento y en la proliferación de identidades «divergentes» que claman por un reconocimiento personal, desde una especie de esfera neutra, pero plenamente neoliberal, en la que cada cual puede llegar a ser lo que se proponga.

Dicho en términos lacanianos, una política siniestra es una política de lo real. La izquierda, en cambio, se representa a sí misma como el agente necesario de la *Realpolitik* para una gestión progresista del desastre. Pero ¿qué quiere decir una «política de lo real»? A lo largo de su extensa «obra», Lacan proporciona tres definiciones de «Real»: una lógica, otra topológica y aún otra jurídica. Para la definición lógica, «lo real es lo imposible», luego, *lo posible no es real*; para la topológica, «lo real es lo que siempre vuelve al mismo lugar», luego, *no hay ley humana que lo aparte de su regularidad*; para la definición jurídica, por último, «lo real está fuera de la ley», luego, *lo real no cesa de no escribirse como legislación imposible*.

En hobbesiano, el «estado de naturaleza» no es la guerra de todos contra todos, estado de excepción o fuera de la ley, sino que está regido por una regularidad que siempre vuelve al mismo lugar: condición de posibilidad tanto de la destrucción como del uso; no solo el lugar a partir del cual se desencadenaría la aniquilación cósmica, sino, también, el lugar en el que establecer una nueva unidad de medida de la ley.

En términos kantianos, una política siniestra es una política trascendental, un imposible que hace coincidir al sujeto empírico con el sujeto trascendental y lo hace descender desde su pura racionalidad al sucio «campo de batalla [Kampfplatz]» (Kant, 1781, p. 7) de la política. Vuelve históricas las prerrogativas metahistóricas del animal humano, pura vida sin forma portadora de una ley natural, que, de tanto en tanto, viene a obstruir una legalidad humana desbocada.

Y, por último, en términos marxianos, una política siniestra es una política de lo común, que no toma como fundamento y modelo al sujeto universal del individualismo burgués, sino al espacio que se da «entre» individuos, que sin ser propiedad de nadie es condición de posibilidad de todo proceso de individuación.

En la Glosa al capítulo 2.4 me he metido en el berenjenal de aventurar una respuesta a la pregunta butleriana «¿Qué pasaría si el psicoanálisis hubiera tomado a Antígona, en lugar de Edipo, como punto de partida?». Tengo mis dudas de haberla respondido satisfactoriamente. Llegado a este punto final sobre una política siniestra, se impone otra pregunta del estilo: ¿Qué pasaría si Edipo hubiera conducido por la izquierda, en lugar de por la derecha, en el cruce de caminos en el que mató a Layo? Probablemente no hubiera existido Antígona, ni el psicoanálisis, si damos por buena la traducción del nombre «Layo» en el sentido de «zurdo» (Ruipérez, 1984, p. 168), ya que no se hubiera dado ni siquiera la discusión entre Layo y Edipo sobre la preferencia en el paso por la fatídica encrucijada. Este sería un uso del condicional contrafáctico que nos permitiría proponer una etimología de la palabra «siniestro» que la libere de la sinonimia con el daño, el accidente, lo oscuro, el mal agüero y lo malvado.

Para concluir, avanzo unas pocas líneas sobre lo que sería una práctica política siniestra o, dicho de otro modo, esbozo el eje de coordenadas en la que esta se inscribe, en oposición tanto de la derecha como del derecho, pero no de la ley, ya que la acción ético-política de Antígona no deja en ningún momento de invocar una ley (natural). La práctica política siniestra no se propone abandonar la ley, sino solo proporcionar una nueva unidad de medida o magnitud, así que se puede dar una política siniestra que consista en demandas, pactos, contratos y alianzas con lo institucional. Una identidad inmóvil o coagulada (obrero, mujer, trans, negro, judío...) puede ser el punto de apoyo a partir del cual mejorar la vida de las personas que se amparan en esa identidad. Pero el legalismo basado en la demanda de reconocimiento es solo la peor de las tácticas de lo siniestro, pues considera que la táctica revolucionaria no solo es la mejor para una estrategia revolucionaria, sino que también lo es para una estrategia reformista. Así que se trata, más bien, de ser capaces de organizar cierto «desmadre» (Klein, 1985) o de *provocar siniestros*: «agresiones innovadoras» y no «destrucciones creativas», donde la noción de «uso» de Winnicott es fundamental, ya que la esfera pública se construye y amplía a través de la pulsión de muerte y sus destrucciones fallidas. El uso de los objetos permite su supervivencia y hace aparecer el «entre», el espacio común en el que se sitúan los objetos y los fenómenos transicionales, como un peluche, el seno materno o la esfera pública. Por el contrario, es propio del régimen capitalista concebir la relación entre un sujeto y un objeto como explotación o destrucción a realizar.

Cuando no se da el reconocimiento, cuando la palabra no llega al receptor que está en la situación de dominio de conceder derechos, cuando el otro no te reconoce como un sujeto de derecho, es legítimo provocar siniestros para hacerse oír de «otro modo». En este sentido, la práctica política siniestra *secciona el diagrama de la interseccionalidad*. Por un lado, la ambivalencia del sujeto político siniestro no permite separar un proceso de victimización de la agencia política de la víctima. Ambos aspectos, vulnerabilidad y agencia política, están presentes en Antígona. Por otro, sería absurdo hacer consistir una política siniestra en la reivindicación de derechos. Los zurdos no están contemplados en el diagrama de la interseccionalidad en oposición a los diestros, que son mayoría, pero sería un contrasentido que las personas que se relacionan con el mundo desde el lado izquierdo reivindiquen derechos; más bien se trata, como he avanzado, de *provocar siniestros*, es decir, seccionar la proliferación de víctimas sin agencia política.

Silvia Gil (2022) proporciona un ejemplo reciente de lo que considero una práctica política siniestra. En el verano de 2019, tras la violación de dos chicas menores de edad por parte de miembros de la policía, tuvo lugar una concentración masiva en la Glorieta de Insurgentes de México D. F. en la que las mujeres decidieron iniciar un tipo de acción directa *extraña* hasta ese momento para el movimiento feminista mexicano. Al destruir y prender fuego al mobiliario urbano, la opinión pública, los políticos y la sociedad en general tomaron por fin en cuenta la seriedad de la situación de extrema violencia feminicida que estaba siendo denunciada durante años por las movilizaciones de la «revuelta feminista» mexicana, sin apenas repercusión pública. Para Silvia Gil, la acción directa de las feministas mexicanas, su forma de «provocar siniestros», no es simplemente una acción «anticiudadana», sino que, sobre todo, prefigura una «política de lo común» (2021, pp. 24-46).

Este es el lugar en el que he tratado de situar, a lo largo de este escrito, la acción ético-política de Antígona.

Bibliografía

Alemán, J. (2024), *Soledad: común*, Ned, Barcelona [prólogo de Massimo Recalcati].

Aristóteles, *Política*, Gredos, Madrid, 1988 [traducción, introducción y notas de Manuela García Valdés].

Aristóteles, *Poética*, Alianza, Madrid, 2004 [traducción, introducción y notas de Alicia Villar Lecumberri].

Arribas, S. (2022), «Comentarios a los conceptos de "falo lesbiano" (Butler) y "dildo" (Preciado)», en Vilma Coccoz (coord.), *El deseo trans*, RBA, Barcelona, 2022, pp. 118-134.

Baceiredo, R. (2024), *Mueve tus labios en la plegaria. Saber ligero en el siglo XXI*, Tercero incluido, Cardedeu (Barcelona).

Benjamin, W. (1929), *El surrealismo. La última instantánea de la inteligencia europea*, en *Obra Completa, Libro II / Vol. 2*, Abada, Madrid, 2009 [traducción de Jorge Navarro Pérez].

Bertollini, A. (2021), *Filosofía dell'amicizia. Linguaggio, individuazione, piacere*, DeriveApprodi, Roma [en preparación: *Filosofía de la amistad. Lenguaje, individuación y placer*, Tercero incluido, Cardedeu (Barcelona); traducción de Raúl Olivencia].

Butler, J. (2001), *El grito de Antígona*, El Roure, Esplugues de Llobregat (Barcelona) [traducción de Esther Oliver].

Butler, J. (2022 [1993]), *Cuerpos que importan. Sobre los límites materiales y discursivos del «sexo»*, Paidós, Barcelona.

Butler, J., Gambetti, Z. y Sabsay, L. (eds.) (2024), *Vulnerabilidad en resistencia*, Bellaterra, Manresa [traducción de Damián Queirolo].

Cazenave, L. (2010), *El duelo en la época del empuje a la felicidad*, en «Virtualia, revista digital de la Escuela de la Orientación Lacaniana», septiembre de 2010, https://www.revistavirtualia.com/articulos/359/actualidad-del-lazo/el-duelo-en-la-epoca-del-empuje-a-la-felicidad

Cimatti, F. (2021), *Filosofía de la animalidad. Más allá de lo humano*, Tercero incluido, Cardedeu (Barcelona) [traducción de Raúl Olivencia].

Cimatti, F. (2015), *Una «ferocia psicotica». Wittgenstein e Lacan*, revista «Il Cannocchiale» 1/2015, en https://www.academia.edu/21722207/UNA_FEROCIA_PSICOTICA_WITTGENSTEIN_E_LACAN

Conti, Luz (2022), «Estilo comunicativo en el prólogo de Antígona: la interacción entre Antígona e Ismene», Veleia, 39, pp. 53-64 (https://doi.org/10.1387/veleia.22350).

David-Ménard, M. (2016), *Cómo llega Lacan a lo universal*, en «Aesthetika. Revista Internacional sobre Subjetividad, Política y Arte», Vol. 12, (1), abril de 2016.

De Martino, E. (1977), *La fine del mondo. Contributo all'analisi delle apocalissi culturali*, Einaudi, Turín.

Del Barco, O (2024), *Esbozo de una crítica a la teoría y práctica leninistas*, Tercero incluido, Cardedeu (Barcelona) [edición a cargo de Pablo S. Lovizio e introducción de Luis I. García].

Delbo, Ch. (1979), *Kalavrita des mille Antigone*, Oui Dire, Valence.

Dufourmantelle, A. (2022), *La mujer y el sacrificio. Desde Antígona hasta nosotras*, Nocturna, Buenos Aires [traducción de Emanuela Dunand, Karina Macció y Fernanda Restivo].

Esposito, R. (2005), *Immunitas. Protección y negación de la vida*, Amorrortu, Buenos Aires [traducción de Luciano Padilla López].

Espriu, S. (1990 [1955]), *Antígona*, Edicions 62, Barcelona.

Esquilo, *Los Siete contra Tebas*, en *Tragedias*, Gredos, Madrid, 1986, pp. 265-314 [traducción de Bernardo Perea Morales].

Eurípides, *Las suplicantes*, Gredos, Madrid, 1978 [traducción de José Luis Calvo Martínez].

Foucault, M. (1996 [1978]), *La verdad y las formas jurídicas*, Gedisa, Barcelona [traducción de Enrique Lynch].

Freud, S., (1905) *El chiste y su relación con lo inconsciente*, en *Obras completas*, VIII, Amorrortu, Buenos Aires, 1979 [traducción de José L. Etcheverry].

Freud, S. (1913), *Tótem y tabú*, en *Obras completas, XIII*, Amorrortu, Buenos Aires, 1979, pp. 1-164 [ibíd.].

Freud, S. (1915), *De guerra y muerte. Temas de actualidad*, en *Obras completas, XIV*, Amorrortu, Buenos Aires, 1979, pp. 273-304 [ibíd.].

Freud, S. (1917), *Duelo y melancolía*, en *Obras completas, XIV*, Amorrortu, Buenos Aires, 1979, pp. 235-256 [ibíd.].

Freud, S. (1919), *Lo ominoso*, en *Obras completas, XVII*, Amorrortu, Buenos Aires, 1979, pp. 215-252 [ibíd.].

Freud, S. (1920), *Más allá del principio de placer*, en *Obras completas, XVIII*, Amorrortu, Buenos Aires, 1979, pp. 1-62 [ibíd.].

Freud, S. (1924), *El sepultamiento del complejo de Edipo*, en *Obras completas, XIX*, Amorrortu, Buenos Aires, 1979, pp. 177-188 [ibíd.].

Freud, S. (1925), *Algunas consecuencias psíquicas de la diferencia anatómica entre los sexos*, en *Obras completas, XIX*, Amorrortu, Buenos Aires, 1979, pp. 259-276 [ibíd.].

Freud, S. (1927), *El humor*, en *Obras completas, XXI*, Amorrortu, Buenos Aires, 1979, pp. 153-162 [ibíd.].

Gallastegui, B. (2017), «Referencia del sueño del padre muerto de Sigmund Freud», en https://www.antenaclinicadebilbao.com/referencia-del-sueno-del-padre-muerto-de-sigmund-freud/

Gil L., S. (2021), *Mapas para decir «nosotras» / Política de lo común y proyecto feminista*, en «Debate feminista», Año 31, vol. 62 (julio/diciembre 2021), pp. 24-46.

Gil L., S. (2022), #8M. Feminismos construyen un nuevo nosotras, https://www.youtube.com/watch?v=ZZm63SxAhvk

Graves, R. (1955), *The Greek Myths 2*, Penguin, Harmondsworth.

Graves, R. (1985 [1955]), *Los mitos griegos II*, Alianza, Madrid.

Gutiérrez, R. (2020), «Trama comunitaria y comunidad. Conversatorio con Raquel Gutiérrez», en: https://www.youtube.com/watch?v=2_yV8LNXKLg

Haraway, D. (2019), *Seguir con el problema. Generar parentesco en el Chthuluceno*, consonni, Bilbao [traducción de Helen Torres].

Hegel, G. W. F. (1989 [1835]), *Lecciones sobre la estética*, Akal, Madrid [traducción de Alfredo Brotóns].

Hegel, G. W. F. (1966 [1807]), *Fenomenología del Espíritu*, Fondo de Cultura Económica, México D. F. [traducción de Wenceslao Roces].

Homero, *Ilíada*, Círculo de Lectores, Valencia, 1971 [traducción de Luis Segala Estalella].

Jesi, F. (2024), *Cultura de derechas*, Bellaterra, Manresa [traducción de Damián Queirolo y prefacio de Andrea Cavalletti].

Jesi, F. (2025), *El tiempo de la fiesta*, Tercero incluido, Cardedeu (Barcelona), 2025 [prólogo y edición de Andrea Cavalletti, traducción de Damián Queirolo].

Kant, I. (1790), *Crítica del juicio*, Librerías de Francisco Iravedra, Antonio Novo, Madrid, 1876 [traducción del francés de Alejo García Moreno].

Klein, L. (1985), *¿Cómo pensar a las Madres de Plaza de Mayo?*, en revista «Coyunturas», Buenos Aires, marzo de 2023; https://coyunturas.com.ar/category/marzo-2023/

Lacan, J. (1953), *Discurso de Roma*, en *Otros escritos*, Paidós, Buenos Aires, 2012, pp. 147-180 [traducción de Graciela Esperanza y otros].

Lacan, J. (1998 [1959-1960]), *Seminario 7. La ética del psicoanálisis*, Paidós, Buenos Aires [traducción de Diana S. Rabinovich].

Lacan, J. (1963), *Kant con Sade*, en *Escritos 2*, Siglo XXI, Buenos Aires, 2002, pp. 727-754 [traducción de Tomás Segovia y Armando Suárez].

Lacan, J. (1992 [1969-1970]), *Seminario 17. El reverso del psicoanálisis*, Paidós, Buenos Aires [traducción de Enric Berenguer y Miquel Bassols].

Lacan, J. (2012 [1971-1972]), *Seminario 19. ...o peor*, Paidós, Buenos Aires [traducción de Gerardo Arenas].

Lacan, J. (1972), *El atolondradicho*, en *Otros escritos*, Paidós, Buenos Aires, 2012, pp. 473-522 [traducción de Graciela Esperanza y otros].

Lacan, J. (2002 [1972-1973]), *Seminario 20. Aún*, Paidós, Buenos Aires [traducción de Diana S. Rabinovich, Delmont-Mauri y Julieta Sucre].

Laclau, Ernesto, (2005a), *La razón populista*, Fondo de Cultura Económica, Buenos Aires.

Laclau, E. (2005b), *On «Real» and «Absolute» Enemies*, en «The New Centennial Review», Michigan State University Press, volumen 5, número 1, primavera de 2005.

Lévi-Strauss, C. (1969), *Las estructuras elementales del parentesco*, Paidós, Barcelona [traducción de Marie Thérèse Cevasco].

116

Linebaugh, P. y Rediker, M. (2022), *La hidra de la revolución. Marineros, esclavos y comuneros en la historia oculta del Atlántico*, Traficantes de sueños, Madrid.

Lo Piparo, F. (2012), *I due carceri di Gramsci. La prigione fascista e il labirinto comunista*, Donzelli, Roma.

Margulis, L. (1990), «Words as battle cries—symbiogenesis and the new field of endocytobiology», en BioScience, vol. 40, 9, octubre de 1990, pp. 673-677.

Marx, K. (2005 [1845]), *Ad Feuerbach*, en *La ideología alemana (I) y otros escritos filosóficos*, Losada, Buenos Aires [traducción de Jaime Vergara].

Marx, K. (1972 [1857-1858]), *Elementos fundamentales para la crítica de la economía política (Grundisse)*, Siglo XXI, México D. F. [traducción de Pedro Scaron].

Marx, K. (1975 [1867-1883]), *El Capital. Crítica de la economía política. Libro Primero. El proceso de producción del capital*, Siglo XXI, Madrid [traducción de Pedro Scaron].

Marx, K. (2004 [1875]), *Crítica del programa de Gotha*, Fundación Federico Engels, Madrid.

Mazzeo, M. (2020), *El sofista negro. Muhammad Ali, orador y púgil*, Tercero incluido, Cardedeu (Barcelona) [traducción de Raúl Olivencia].

Mazzeo, M. (2022), *Capitalismo lingüístico y naturaleza humana. Por una historia natural*, Tercero incluido, Cardedeu (Barcelona) [traducción de Raúl Olivencia].

Mazzeo, M. (2023), *El pirata. Antropología del conflicto*, Tercero incluido, Cardedeu (Barcelona) [traducción de Raúl Olivencia].

Mazzeo, M. y Bertollini, A. (eds.) (2022), *Sintomi. Per una antropologia linguistica del mondo contemporaneo*, Deriveapprodi, Roma.

Mbembe, A. (2011), *Necropolítica*, Melusina, Santa Cruz de Tenerife [traducción de Elisabeth Falomir Archambault].

Morales, H. (2021), *El resurgir de Antígona. El poder subversivo de los mitos*, Kairós, Barcelona [traducción de Fina Marfà].

Ostiguy, P. (2023), *El significante vacío de Ernesto Laclau. Seis significados (vinculados) de un concepto clave polisémico*, en Studia Politicae, n° 60, Universidad Católica de Córdoba, Córdoba (Argentina), invierno de 2023, pp. 108-153 (http://dx.doi.org./10.22529/sp.2023.60.04).

Pastrana, A. (1969), «El primer estásimo de la *Antígona* de Sófocles. Observaciones a la primera estrofa y antistrofa», en «Helmántica. Revista de Humanidades Clásicas de la Universidad Pontificia de Salamanca», Año XX, Núm. 62, mayo-diciembre de 1969, pp. 266-272; en https://doi.org/10.36576/summa.2751

Pateman, C. (1995), *El contrato sexual*, Anthropos-Universidad Autónoma Metropolitana de Iztapalapa, Barcelona-México D. F. [traducción de Mª Luisa Femenías].

Platón, *República*, Gredos, Madrid, 1998 [traducción de Conrado Eggers Lan].

Preciado, P. (2011), *Manifiesto contrasexual*, Anagrama, Barcelona [traducción de Julio Díaz y Carolina Meloni].

Puig de la Bellacasa, M. (2023), *El espíritu del suelo. Por una comunidad más que humana*, Tercero incluido, Cardedeu (Barcelona) [traducción de Nayla Viggiano].

Rodriguez, E. (2021), «Lo que la amnistía dejó y deja de lado», en https://ctxt.es/es/20211101/Firmas/37969/ley-amnistia-transicion-franquismo-democracia-lucha-obrera.htm

Ruipérez, M. S. (1984), «El nombre de Layo, padre de Edipo», en *Estudios Clásicos*, XXVI-1, n.87, Sociedad Española de Estudios Clásicos, Madrid, pp. 167-172.

Sade, M. de (2009 [1796]), *Juliette o las prosperidades del vicio*, Tusquets, Barcelona.

Schmitt, C. (2014 [1927]), *El concepto de lo político*, Alianza, Madrid [traducción de Rafael Agapito Serrano].

Schmitt, C. (2002 [1950]), *El nomos de la tierra en el Derecho de Gentes del «Ius publicum europaeum»*, Comares, Granada [traducción de Dora Schilling Thou].

Schmitt, C. (2002 [1963]), *Teoría del partisano. Acotación al concepto de lo político*, Trotta, Madrid [traducción de Anima Schmitt de Otero].

Schumpeter, J. A. (1996), *Capitalismo, socialismo y democracia, vol. I*, folio, Barcelona.

Simondon, G. (2015 [1964]), *La individuación a la luz de las nociones de forma y de información*, Cactus, Buenos Aires [traducción de Pablo Ires].

Sirman, N. (2024), *Cuando Antígona es un hombre*, en Butler, J.,

Gambetti, Z. y Sabsay, L. (eds.), *Vulnerabilidad en resistencia*, Bellaterra, Manresa, 2024 [traducción de Damián Queirolo], pp. 251-274.

Sófocles, *Tragedias*, Gredos, Madrid, 1982 [traducción y notas de Assela Alamillo].

Soler, C. (2004), *El inconciente a cielo abierto de la psicosis*, JVE, Buenos Aires [traducción de Teodoro Pablo Lecman].

Steiner, G. (1987), *Antígonas. Una poética y una filosofía de la lectura*, Gedisa, Barcelona [traducción de Alberto L. Bixio].

Tönnies, F. (1947 [1855-1936]), *Comunidad y sociedad*, Losada, Buenos Aires [traducción de José Rovira Armengol].

Trías, E. (1982), *Lo bello y lo siniestro*, Seix Barral, Barcelona.

Virno, P. (2005), *Cuando el verbo se hace carne. Lenguaje y naturaleza humana*, Trasficantes de sueños-Tinta Limón-Cactus, Madrid-Buenos Aires [traducción de Eduardo Sadier].

Virno, P. (2013), *Saggio sulla negazione*, Bollati Boringhieri, Turín.

Virno, P. (2021), *Ejercicios de éxodo. Lenguaje y acción política*, Tercero incluido, Cardedeu (Barcelona) [traducción de Raúl Olivencia].

Virno, P. (2023a), *Il perturbante contro Freud*, en Mazzeo, M. y Bertollini, A. (eds.), *Sintomi. Per una antropologia linguistica del mondo contemporaneo*, Deriveapprodi, Roma, pp. 147-151.

Virno, P. (2023b), *Tener. Sobre la naturaleza del animal locuaz*, Tercero incluido, Cardedeu (Barcelona) [traducción de Andrea Fagioli].

Virno, P. (2025), *La sustancia de lo que se espera. La vida de la mente en el capitalismo tardío*, Tercero incluido, Cardedeu (Barcelona) [traducción de Raúl Olivencia].

Winnicott, D. W. (2013 [1971]), *Realidad y juego*, Gedisa, Barcelona [traducción de Floreal Mazía].

Wittgenstein, L. (1988 [1953]), *Investigaciones filosóficas*, Crítica, Barcelona [traducción de Alfonso García Suárez y Ulises Moulines].

Zambrano, M. (2012 [1967]), *La tumba de Antígona y otros textos sobre el personaje trágico*, Cátedra, Madrid.

Zupančič, A. (2023), *Que se pudran. El paralaje de Antígona*, Palinodia, Buenos Aires [traducción de David Parra Miranda].